有趣的 哲学

启蒙书

杜威

探索与实验的故事

【韩】康英启 著　　吴荣华 译

全国百佳图书出版单位

时代出版传媒股份有限公司
黄 山 书 社

图书在版编目（CIP）数据

杜威：探索与实验的故事/（韩）康英启著；吴荣华译. —合肥：黄山书社，2011.6

（有趣的哲学启蒙书）

ISBN 978-7-5461-1163-6

Ⅰ．①杜…Ⅱ．①康…②吴…Ⅲ．①杜威（1859~1952）–实用主义–哲学思想–儿童读物Ⅳ．①B712.51-49

中国版本图书馆 CIP 数据核字（2010）第 062012 号

版权合同登记号：1209707

杜威：探索与实验的故事　　　　　　　　　　　　[韩]康英启著　　吴荣华译

出　版　人：左克诚			选题策划：杨　雯　余　玲	
责任编辑：张月阳　江一常			责任校对：张　晶	
装帧设计：姚忻仪			责任印制：戚　帅	

出版发行：时代出版传媒股份有限公司　　http://www.press-mart.com

　　　　　黄山书社　http://www.hsbook.cn/index.asp

　　　　　（合肥市蜀山区翡翠路 1118 号出版传媒广场 7 层　邮编：230071）

经　　销：新华书店　　　　**营销部电话**：0551-3533762　0551-3533768

印　　制：湖北恒泰印务有限公司　　　027-81810900

开　　本：720×980　1/16　　印　张：8.5　　　字　数：170 千字

版　　次：2011 年 7 月第 1 版　　2011 年 7 月第 1 次印刷

书　　号：ISBN 978-7-5461-1163-6　　　　　　定　价：18.00 元

编辑姐姐给同学们的一封信

同学们：

当你们看到姐姐捧着这些哲学家讲的哲学故事的书来到你们中间时，你们是不是情不自禁地皱起了眉头，低声嘀咕："哲学，太深奥了，我们哪里读得懂啊？"

是啊，哲学是人类思维的最高智慧。我们在说到一些有思想的伟人时，常常称他们为"哲人"。对他们思想的研究，例如对老子、孔子、柏拉图、苏格拉底……我们探讨了几千年，还在不断地探讨哩。这说明哲学的确是一门很深邃的学问。但是，另一方面呢，哲学所探讨的又是我们每个人，包括同学们自己每天都在问的一些问题，例如：世界是什么？人为什么活着？怎样的生活才有意义？我们能改变世界、改变自己吗……这也就是说，我们也许不一定意识到自己在学哲学，但我们每天想的这些问题，都是哲学所要探讨的基本问题。所谓的哲学家，就是他们对人类思考的这些基本问题有着专门的研究和深刻的见解，他们像黑暗中的明灯，给许许多多人的生活指出了前进的方向，给许许多多人的精神带来了寄托。

同学们，你们在生活中，在学习中曾经有过困惑，有过苦恼吗？你们有没有想过为什么会有这些困惑和苦恼？怎样解决这些困惑和苦恼？如果呀，你们学了一点哲学，认识了一些哲学家，你们会发现：原来我们的这些困惑和苦恼，他们也有过，并且还对这些问题发表过许多深刻的见解，听了以后使我们的心胸感到豁然开朗。

其实，你们现在遇到的困惑和苦恼，还是些小困惑小苦恼。随着你们不断成长，知识不断增加，眼界不断开阔，你们思考的问题会越来越多，你们遇到的困惑和苦恼也会越来越多。如果你们想不断地战胜这些困惑和苦恼，使自己不断地进步，对世界、对人生的理解不断地深刻，你们肯定会不断地与越来越深刻的哲学，越来越多的哲学家相结识。所以，从现在起，你们有意识地学一点哲学，有意识地了解一些伟大的哲学家，对于你们今后的成长实在是太重要了。

为了帮助你们从小学点哲学，了解一些最伟大的哲学家，姐姐特地从韩国为你们编辑引进了这套《有趣的哲学启蒙书》小丛书。为了让这套书更适合你们阅读，姐姐还专门去了韩国，和作者以及出版社的编辑进行座谈讨论。

姐姐之所以向你们推荐这套书，首先是因为这套书写得太有趣了，与你们的生活，与你们的爱好太接近了。它要么把那些哲学家复活，放在你们的身边，与你们一起学习生活，进行思想交流；要么，请同学们"变"到哲学家所生活的时代去，和哲学家一起感受他们的生活，感受他们的思想产生的土壤；要么，干脆就是一篇童话故事，在海洋，在天空，我们的哲学家变成了各种会说话的鱼儿、鸟儿什么的。你们读起来就好像在读探险故事，又好像在读科幻小说，既紧张，又兴奋。

其次是因为这套书将这些哲学家最重要的思想用非常简明的形式表现出来，让同学们一听就能明白，就能对这些哲学家有所认识，感到他们很亲切。今后，等你们长大了，再深入学习这些哲学家的思想时，就不会感到陌生了。第三，是因为这套书真正做到了深入浅出。无论是小学三年级的同学，还是高中学生都可以阅读，只不过由于你们身边世界的大小不同，你们从中得到的理解和收获也不同。

　　说了这么半天，同学们似乎都有点迫不及待地想听哲学家亲自来为你们讲故事了，当然，他们一定比姐姐讲得精彩多了。那么，好吧，你们就直接和这些伟大的"哲人"交往吧。记住，有什么问题和收获别忘了和姐姐一起交流、分享噢。

　　祝你们进步！

编辑姐姐

中文版序

——孩子和大师之间的桥梁

　　哲学是启迪人生智慧的学科。人的一生中，是否受到哲学的熏陶，智慧是否开启，结果大不一样。哲学在人生中的作用似乎看不见，摸不着，其实至大无比。有智慧的人，他的心是明白、欢欣、宁静的，没有智慧的人，他的心是糊涂、烦恼、躁动的。人生最值得追求的东西，一是优秀，二是幸福，而这二者都离不开智慧。所谓智慧，就是想明白人生的根本道理。唯有这样，才会懂得如何做人，从而成为人性意义上的真正优秀的人。也唯有这样，才能分辨人生中各种价值的主次，知道自己到底要什么，从而真正获得和感受到幸福。

　　哲学对于人生有这么大的意义，那么，我们怎样才能走近它、得到它呢？我一向认为，最可靠的办法就是直接阅读大哲学家的原著，最好的哲学都汇聚在大师们的作品中。不错，大师们观点各异，因此我们不可能从中得到一个标准答案，然而，这正是读原著的乐趣和收获之所在。一个人怎样才算是入了哲学的门？是在教科书中读到了一些教条和结论吗？当然不是。唯一的标准是看你是否学会了用自己的头脑去思考人生的根本问题，从而确立了自己的人生信念。那么，看一看哲学史上诸多伟大头脑在想一些什么重大问题，又是如何进行独立思考的，正可以给你最好的榜样和启示。

常常有父母问：让孩子在什么年龄接触哲学书籍最合适？我的回答是：顺其自然，早比晚好。顺其自然，就是不要勉强，孩子若没有兴趣，勉强只会导致反感。早比晚好，则要靠正确的引导了，方法之一便是提供足以引发孩子兴趣的适宜读物。当然，孩子不可能直接去读原著，但是，我相信，通过某种方式让他们了解那些最伟大的哲学家的基本思想，仍然是使他们对哲学真正有所领悟的必由之路。

正是基于这一想法，我乐于推荐黄山书社出版的《有趣的哲学启蒙书》系列丛书。这套丛书选择了东西方哲学史上50位大哲学家，以各人的核心思想为主题，一人一册，用讲故事做诱饵，一步步把小读者们引到相关的主题中去。我的评价是，题材的选择颇具眼力，50位哲学家几乎囊括了迄今为止对人类历史产生了最重要影响的精神导师。故事的编撰，故事与思想的衔接，思想的表述，大致都不错，水平当然有参差。我觉得最难能可贵的是，韩国的儿童教育学家和哲学家极其认真地做了这件事，在孩子和大师之间筑了一座桥梁。对比之下，我们这个泱泱大国应该感到惭愧，但愿不久后我们也有原创的、高水平的类似书籍问世。

周国平

目　录

卷首语 | 2

楔子 | 5

一　什么叫成熟？ | 9

　　1.走进山花小学 | 11　　　2.司空见惯的小失误 | 17

　　3.人类必须变得成熟 | 24

　　　　·哲学放大镜 | 31

二   **杜威的教育思想** | 33
　　1.新朋友小秋 | 35　　　　2.逃离实验室 | 39
　　3.杜威的实验学校与老师的山花小学 | 44
　　·哲学放大镜 | 51

三   **实验主义与工具主义** | 53
　　1.接踵而至的难题 | 55　　　2.为了第二次的成熟 | 64
　　3.人类和社会得以发展的工具 | 70
　　·哲学放大镜 | 77

四   **实用主义价值** | 79
　　1.这些成就归功于杜威 | 81　　　2.学海无涯 | 88
　　3.离开山花小学 | 96
　　·哲学放大镜 | 103

　　尾声 | 105
　　综合论述题 | 107
　　综合论述题题解 | 115
　　回头看杜威 | 118

卷首语

　　我们每一个人来到这个世上，都会通过适应家庭环境与社会环境的过程而发生种种变化，最后变得成熟。本书中的主人公绿茵姑娘在适应家庭、学校的环境，以及与同学相处的过程中历经坎坷，最后变成一个成熟懂事的孩子。

　　通过本书，我们可以了解绿茵姑娘在人生道路上的"探索"过程。什么叫"探索"呢？按照哲学家杜威的话来说，探索就是通过几个阶段的实验和努力最终解决生活中遇到的难题的过程。由此看来，我们的人生道路就是不断地遇到难题，不断地解决难题的探索过程。

　　我们的小主人公绿茵也是这么一个孩子。在日常生活中，她在不同的时间和地点遇到了很多困难和挫折。约翰·杜威（1859~1952）是美国著名的实用主义哲学家、心理学家和教育家，他一生从事教育活动以及哲学、心理学与教育理论的著述活动，对美国乃至世界现代教育的发展起到了重要的作用，被美国人誉为"创立美国现代教育的首要人物"。杜威在他的《逻辑——探索的真理》（1938）一书中说，解决难题需要通过不确定、假设、推理、实验、确定等若干个阶段。就像在你即将要看到的这本书中，绿茵姑娘在她刚刚到乡下上小学的时候受到了很多不确定因素的影响。尽管来到乡下上小学之前有了一些心理准备，可面临完全陌生的乡下生活，她还是变得心慌意乱、不知所措。可是，她马上意识到自己必须要适应这个新的环境。于是她向自己提出了一个要求："只要我在这个陌生的环境中不急不躁、沉着应对，对这里的新同学和老师们以诚相待、将心比心，我肯定能够适应这个新的环境。"接着，绿茵对自己与乡下的老师和朋友们和睦相处的各种可能性进行了一番推理，并在生活中不断实践。在实践中绿茵不断地发扬自己的长处（肯定的一面），如果遇到难题（否定的一面），就换种方式再实践，直到与那里的人们和睦相处为止。可以说，绿茵姑娘在山花小学里的那一段人生就是"探索"的人生。

遇到难题，我们可以通过上述几个阶段的探索最终达到解决难题的目的。随着难题一个个得以解决，我们的自信心自然而然就会逐渐增强，我们的言谈举止也就可以做到胸有成竹。"由于我圆满地度过了适应乡下生活的阶段，所以我跟这里的人们结下了深厚的感情，从而也就可以安心生活和念书了。"这是绿茵在不断地解决各种难题的过程中得到的感受，充满了豪情与自信。

那么，人类到底有什么能力能够通过上述几个阶段的探索，解决生活中遇到的一个个难题呢？杜威认为，人类天生具有一种创造性的工具，那就是"理性"。在美国的几位实用主义哲学家当中，杜威的实用主义也叫做"工具主义"，这正是因为杜威把人类这一"理性"比喻成创造性的工具。

我们每个人都有各自的思想和看法。杜威认为，这些思想和看法都是人类理性的产物，而这正是我们用以解决生活中的难题必不可少的工具。

杜威的实用主义既是工具主义同时又是"实验主义"。人类只有通过接受实验教育才能实现真正的民主社会，实现了民主社会，我们的自由与平等才能得以保障。

杜威的工具主义和实用主义是美国代表性的哲学思想。可以说，当今美国人的思想观念都是基于杜威的这一实用主义的哲学理论。

康英启

楔子

"绿茵呀，做好了上学的准备没有？准备好了快出来吃饭！"

妈妈的喊声从门外传了过来。可我仍然躺在被窝里一动不动。为什么？告诉你，我今天要装病不上学啦。

"哎哟，绿茵呀，我叫了你半天了你还躺在被窝里？你不怕迟到挨老师批评吗？"

"妈妈，我的脑袋疼得厉害，求你今天让我在家休息一天，好吗？"

"啊，头疼？来，让妈妈摸一摸你的脑门。咦，也不发烧呀⋯⋯"

"我还一个劲儿地犯恶心⋯⋯"

"哟，你肯定是吃坏东西了。妈妈这就给你拿药来。"

咳！看样子今天可以不上学了。我要继续装下去，吃完药再睡一会儿，然后再装出病好了的样子爬起来。可是没病随便吃药不会有什么副作用吧？

"吱"一声响，房门又开了。这次进来的是爸爸。我装作不舒服的样子皱紧了眉头。

"绿茵，疼得厉害吗？"

"是，爸爸。头晕得厉害，还有点犯恶心。"

"是吗？看样子是消化不良。来，爸爸给你掐手指头。咱们的绿茵最清楚爸爸的厉害，是不是？只要爸爸给你掐手指头，就会立刻手到病除的。"

妈呀，这可是个没想到的事情……我最怕爸爸给我掐手指头了，因为我最怕疼。不愿意去学校，可我更不愿意爸爸给我掐手指头。我该怎么办呀？

"啊，爸爸，我只是……"

正当我犹豫不决的时候，妈妈进来了。

"咦，你怎么还在这里坐着呀？今天这是怎么回事？你们爷俩都不怕迟到吗？绿茵，快起来，妈妈给你拿药来了。"

"好啦，不用吃药啦。你没有看出来绿茵这是不愿意上学才装病的吗？"

"你看你这话说的，咱们的绿茵什么时候装过病？绿茵上回得眼病的时候坚持上学，最后还不是被老师劝回家的吗？"

你们听到没有？你们可别把我看成是没事装病的坏孩子。就像妈妈说的一样，我实际上是一个非常喜欢上学的孩子。

"你不觉得绿茵这几天有点反常吗？最近几天咱们的绿茵动不动就说这不舒服那不舒服的，总是不愿意上学。我觉得绿茵今天还是在装病……是不是，绿茵？"

我无法回答爸爸的问话。回想当时我得了那么严重的眼病还坚持上学，今天却为了不上学而装病。

我是一个非常健康的孩子，甚至连场感冒都没有得过。去年秋天，不知怎么回事得了眼病，那次我依然坚持着上学，要不是老师劝我回家，恐怕我会在学校一直待下去呢。

我真的很喜欢上学。我的性格是外向型的，所以跟同学们相处得非常融洽。可是今年开学上五年级后，我却遇到了一个难题。因为一件琐事我跟班里一个名叫萍萍的同学发生了口角，没想到与萍萍的口角带来了严重的后果，我跟班里所有同学的关系都渐渐恶化了。与其说是我跟大多数同学的关系恶化，不如说是我在班里受到了排挤。你们有过受人排挤的经历吗？如果有这种经历，就能理解我的心情了。我开始对班级和学校渐渐失去了兴趣，因为我不愿意看到同学们的白眼，不愿意被他们无端冷落。有一次我生病了，好几天没有去上学，当时我觉得在家里待着比去上学要舒服得多。从那以后我动不动就装病不去上学，想以此回避同学们的排挤。说句心里话，一想起班里的同学们我就有点发怵。

"你是不是还在被班里的孩子们排挤？所以现在不愿意上学？哎哟，我的天啊，受人排挤。我以为这只是电视剧里的故事，哪曾想到我女儿竟然成了被排挤的对象啊！"

妈妈的眼睛立刻红了起来。看到妈妈的表情，我心里真不是滋味，不知如何是好。

"绿茵，你还记得奶奶住的地方吧？想不想转学到那里去？"

"她爸，那里只有一所叫什么山花呀野花的学校，你不会把咱们的绿茵送到那样的地方去吧？"

"那又怎么样？别看那是一所乡下的小学，可在教学设施、教学内容等方面一点也不比城里的学校差，这是我在报纸上看到的。"

"不行，我不能把咱们的绿茵送去那样的地方。乡下学校以实践、体验生活为名，几乎天天都在折腾孩子，根本没有时间念书。将来咱们的绿茵还要上重点初中和高中呢。"

"我不懂什么叫重点中学，可我知道现在的重点是不能让绿茵这样继续下去。好端端一个孩子突然变得沉默寡言，甚至连学校都不愿意去，咱们可不能只考虑孩子的学习呀。"

"我也是为咱们的绿茵考虑嘛。咱们的绿茵……"

"爸爸，妈妈，你们都别吵了。我要转学到山花小学去。"

从这一天开始，我们一家人好像陷入了冷战，谁都不说一句话，就连吃饭、看电视也没有一句语言交流。我知道爸爸妈妈都在为我的事情而苦恼。

几天之后，妈妈打破沉默开口了。

"好好收拾东西，准备上奶奶家。"

就这样，我最终转去了奶奶家的乡下小学。

什么叫成熟？

1.走进山花小学

2.司空见惯的小失误

3.人类必须变得成熟

人类能够用天生的理性反省自己，在自我反省

和自我思考中获得更加实用的知识。

——杜威

1 走进山花小学

"大家好，我叫徐绿茵。"

我抬头看了一眼班里的同学们，班里总共才十多个同学，他们朝我鼓起掌来。

"绿茵，还有没有要说的？"

老师笑眯眯地望着我问道。

我摇了摇头。

"好啦，有话以后再说。先回到你的座位上吧。"

我闭上嘴走到了老师指定的位置。我的同桌为我扶了一下凳子，可我没有道谢就坐下了。来到这个人生地不熟的地方，感谢之类的话就是说不出口。

"绿茵同学是从首尔转学到这里来的。绿茵同学要适应我们乡下的生活恐怕还需要一段时间，所以请同学们多多关照绿茵同学。为了欢迎绿茵同学来到了咱们班里，咱们今天搞一场足垒球比赛。十分钟后，大家都到操场集合。"

　　我稀里糊涂地跟着同学们上了操场。今天的这一堂体育课分明是老师临时安排的，可看班里的孩子们却不谋而合全都穿上了运动服。当然，我也穿了一身运动服。我穿运动服是因为奶奶告诉我，山花小学的孩子们上学都穿运动服。离开家的时候，妈妈给我买了一套新衣服，妈妈要我上学第一天穿那套新衣服，可我还是听奶奶的话穿了这一身运动服。看来，今天我穿运动服是对的。

　　看到同学们都到齐了，老师就让我们每个人跟自己旁边的同学玩一个"石头剪刀布"。我还是稀里糊涂地跟旁边的孩子比画了一阵。唉，看样子转学也没用，我还是输了。说来也奇怪，不管何时何地，也不管是跟什么人玩，在"石头剪刀布"上，我就从来没有赢过。我的运气总是这么差。

　　"石头剪刀布"比画完了，赢的同学们组成一队，输的同学们组成另一队，老师当裁判，比赛开始了。我们输了"石头剪刀布"的这一队先发球。

　　我们的第一个击球选手站在了击球位置上。我们这一伙的同学们便开始呐喊助威，"小秋加油，小秋加油！"那个名叫"小秋"的同学看了大家一眼，咬咬牙将对方投手踢来的足球踢了回去。球踢得很远，使得我们队的第一个跑垒员顺利地跑到了第二垒。同学们再次欢呼起来。看到小秋踢得那么好，我的心开始"咚咚"地跳了起来。因为下一个击球的就是我。

　　我站在了击球位置上。队友们喊着我的名字给我打气助威。球终于被投手踢过来了。啊！由于过度紧张，我一脚踢空，球无力地滚落到我身边的接球手旁。我的脸腾地一下子变红了。同学们一再鼓励我，"没关系，打好下一个球。"在紧张的气氛中，第二个球又

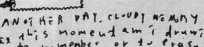

ANOTHER DAY. CLOUDY MEMORY
at this moment am i drawing
to remember or to erase

Maisons Neuves 26
83 PIGNANS
(VAR)

踢了过来。我学着小秋的样子咬咬牙迎着滚落过来的球踢了过去。

砰！

嗡！

哇噻！我这一脚真厉害，球越过外野手，飘飘忽忽地一直飞到场外。这是一个很漂亮的本垒打。凭着这一记本垒打，我们的全体队员都顺利地跑完了四垒，拿下了第一局。看到我悠然地走进本垒，同学们都欢呼雀跃起来。我也情不自禁地抱住队员们喊了起来。这真是好久没有感受过的兴奋。

转学之前，我最不愿意上的课就是体育课。我做得好，孩子们就挖苦我，我做得不好，他们更是合伙嘲笑我。可在这里情形完全相反。尽管第一个球我踢空了，可同学们都在安慰我鼓励我；第二个球打了一个本垒，同学们又为我欢呼雀跃。看到这里的同学这么热情，我心里又激动又有些酸楚。

比赛继续进行，两帮孩子们打得认真、激烈。最后，凭着第一局良好的开头，我们这一队以 13：8 打败了对手。比赛结束了，老师把我们招呼到操场一侧的树荫底下。

"怎么样，玩得高兴吗？"

"高——兴——"

"大家跑了半天了，肚子也该饿了。现在我们自己动手做点吃的，好不好？"

什么，自己动手做吃的？听到老师的话，我不禁怀疑起自己的耳朵。当然以前在原来的学校里，我也上过烹饪实习课，可现在什么材料都没有怎么做吃的呢？

"老师，我们做米糕条吃吧。"

"米糕条上回已经做过，这次我想做三明治。"

孩子们无拘无束地发表自己的意见，最后按照大多数孩子的要求决定制作三明治。

当孩子们洗完脸回到实习室的时候，老师已经把面包、蔬菜、鸡蛋、番茄酱等材料摆在了桌面上，真不知道老师是什么时候买来的。不用吩咐，孩子们主动分工，挽起袖子切菜的切菜，煮鸡蛋的煮鸡蛋，在说说笑笑、嘻嘻哈哈的气氛中有条不紊地忙碌起来了。

我突然想起班里的孩子们统一穿运动服的事情。可我初来乍到谁都不认识，我怕问了也没人回答。

"嗯……我想问个事……班里的同学们为什么都穿运动服呢……"

我低下头支支吾吾地向大伙儿问了一句。因为目前谁都不认识，所以我不敢对着某一个孩子问，我觉得还是问大家比较保险，总有一个会回答我的吧。果然……

"运动服就是我们学校的校服。我们学校课外活动比较多，所以上学穿运动服，这样参加任何活动都很方便。虽然学校没有明文规定，但是从一年前开始这就已经成了不成文的规矩。"

"可是绿茵，你第一天上学也穿了运动服，你是怎么知道的？"

"啊，是我奶奶告诉我上学一定要穿运动服……"

同学们都穿运动服的谜解开了，我跟同学们之间的距离也近了一步。这时，三明治做完了。老师和同学们一起做的三明治真是别有一番风味。

吃完三明治，我们大家打扫完实习室，便回到了教室里。不久，老师也来到教室向大家宣布今天的课程至此结束。这就算下课啦？我新买的书包还没有打开过呢。我重新背起尚未打开的新书包走出了教室，穿过操场走出校门，我心里感到一阵空虚。没有打开书包说明没有东西落到教室里，可我的心却像丢了魂似的空虚得很……

我也不知道自己为什么会觉得空虚，只知道第一天上学竟然没有正经坐下来上过一堂课，教科书里的内容一个字也没有学到。除了认识了班里的孩子们以外，数学、语文、英语，什么科目也没碰过。

这可真是一件不可思议的事情。难道这个山花小学连个固定的课程表也没有吗？今天的课程不会就是体育和烹饪实习吧？按理说，应该抄下明天的课程表，以便做好明天的上学准备呀！不过照此下去，我好像根本没有必要为明天的课程操心。

2 司空见惯的小失误

又是一个早晨。为了在上课之前多熟悉熟悉学校周围的环境，我比昨天更早地走出了家门。从奶奶家到山花小学步行需要二十多分钟。可由于沿途有很多美丽的风景，即便一个人走路也并不觉得寂寞。

从奶奶家到学校有好几条羊肠小道，随便走哪条都可以到达。走在小路上，除了形形色色的小店铺以外，最吸引人的景物就是盛开在道路两旁的一簇簇野花。几条乡间小道最终在校门口汇集成一条稍微宽阔一点的马路。马路两旁全都是田地，田地里不知名的庄稼幼苗在茁壮成长。也许几个月后，等它们开花结果时，我就可以知道它们都是什么植物了。

走进校门，矗立在校舍前面的一座巨大的石碑赫然映入眼帘。石碑这么大，可昨天我却没有发现它。巨石上刻着校训："理性指导实践，成熟促进人才"。不管是哪个学校，校训都是这么深奥、难以理解。

　　我穿过操场朝校舍方向走去。校舍后面有一片属于我们学校的田地，地里还搭起了几座塑料大棚，大棚后面有一条羊肠小道一直延伸到后山，小道两侧也盛开着美丽的山花。这些都是城里根本看不到的景物，让我这个在城里长大的孩子如入仙境，好奇不已。看来，要想用上课前的时间赏遍这里的美景是不可能的了。

　　我决定等放学以后再好好观赏校舍后院的景物，于是转头走进了教室。像是看了一部动画片却没有看到结尾一样，没有一口气看完学校周围的景物，我心里不免有些遗憾。我觉得离上课的时间还早呢，可到了教室一看，已经有很多孩子坐在里面了。

　　我放下书包环视了一下周围，想找到课程表看看今天的第一节课是什么。可是教室里任何一个地方都找不着课程表。一般来说，紧挨着黑板旁边的墙壁上都挂有课程表，可在这个教室里却没有。墙上只有国旗、石英钟、校训等。也许课程表张贴在教室墙报上？我回头看了一眼教室后墙的墙报，那里也没有任何与课程安排相关的信息。只见墙报上写着："没有冲动就没有发展！"

　　没有冲动就没有发展？这是什么意思？在我的记忆里，"冲动"并不是什么赞美人的词语，可在这里为什么说没有冲动就没有发展呢？

　　我不禁想起了好几个月前的事情。那天，妈妈手里拎着几个纸袋和塑料袋走进了家门。

　　"哎哟，累死我啦。今天逛街冲动购物了一番，差点儿没把我累死！"

　　"妈妈，什么叫冲动购物？"

　　"呵呵，随意买了很多没有必要的东西叫做冲动购物。看来光是

记录今天的购物清单就要费一番工夫呀。"

从那时开始，"冲动"一词在我心里就成了贬义词，我总是尽量回避。可没想到教室的墙壁上，竟然张贴着"没有冲动就没有发展"的标语。看来这里的老师认为，即使是冲动购物所买回的东西，将来也可能是有用的，所以才写了这么一句令人费解的标语。

"你也觉得这句话有点不可思议，对不对？"

就在我看着墙报思索的时候，小秋站在我身旁笑盈盈地说道。

"老师说过，冲动是一种很重要的情感。老师说，我们在日常生活中经常遇到一些难题，这些难题实际上就是我们所掌握的知识和客观事实之间发生的冲突。冲动就是解决这一难题的意志。"

啊，这么说，只要拥有解决难题的意志就可以得到发展！我点了一下头。然而，就在点头的瞬间，我的脑海里闪过了一个奇怪的念头。长时间以来沉默寡言，生活在自我封闭的环境中，突然遇上一个对我表示关心的人，我心里反而觉得极不舒服。于是，我的嘴里突然蹦出一句连我自己都意想不到的话："谁问你啦？你不要在我面前自以为是，好不好？"

我的话一落地，教室里顿时鸦雀无声。小秋用惊讶的目光望着我。同学们也都向我投来迷惑不解的目光。我也慌张不已，不知所措。我的脑子里只有一个想法，那就是赶紧逃离这个尴尬的困境。我猛地转过身，从教室后门一溜烟地跑到学校背后的山坡上。

猛跑了一阵，我回头望了一眼校舍，校舍已经离我很远了。跑得这么远，同学们应该看不见我的身影了吧？心里一旦安静下来，周围的景物便映入我的眼帘。虽然慌张之下我没有留意观赏鲜花盛开的山间小路，可山上的景物确实非常美丽。我一口气跑到山坡上，气喘吁吁地一屁股坐在大树下的一把长椅上。

"谁问你啦？你不要在我面前自以为是，好不好？"

我为什么要说这样的话，连我自己都觉得不可思议。小秋和班里其他同学惊讶的目光浮现在我的眼前。我为什么要向小秋说这样的话呢？

也许我的潜意识里总想向某一个人发泄我长时间以来被压抑的情绪；也许我已经习惯于孤独的生活，一时半会儿接受不了来自别人的关怀和同情。

来到山花小学之前，我在班里受到同学们的冷落，被他们长期孤立着。不仅以前的好朋友们跟我翻脸，就连刚刚分来我们班里的同学们也对我另眼相看。于是我便成了一个形单影只的孩子。而我被同学们孤立的原因只是一件小事。

新学期开始，老师让同学们自主寻找一个学习伙伴。为了让自己取得好成绩，谁都愿意找一个学习好的孩子结为同学。可是新学期刚开始时，同学们基本上都不清楚彼此的学习成绩怎么样，于是大部分同学都找认识的同学结伴。我也不例外，跟以前的好朋友萍萍成了学习伙伴。我们俩都认为只要我们在一起学习，成绩肯定会提高。因为到四年级为止，我和萍萍一直都是班里数一数二的尖子生。

我们的这个小组相处得十分融洽，解决了一个又一个难题。可是就在写实验报告的时候，我俩之间产生了小小的意见分歧。

"萍萍，这个内容应该写在报告的结束语里。"

"不对，应该在中间详细地描述这个内容。"

"实验结果应该写在结尾，我可没听说过写实验报告把结果写在中间的。"

"你看你，做什么事总是这么固执己见。别的同学都是这么写的，就你一个人提出这样离奇的主张。"

"什么，我固执己见？好好，就算你说得对，把结果写在报告的中间吧。"

我做出了让步，按萍萍的意思写完实验报告以后交给了老师。出乎我的意料，我们俩都得了满分。我的自尊心多少受到了伤害，但由于得了满分，我也就没有跟萍萍计较。可是，时间一长，我对萍萍的态度越来越不满意，因为不管遇到什么事情，萍萍总想在同学们面前贬损我。

决定性的事件发生在 2 月 14 日情人节那一天。这一天是男孩子们给自己喜欢的女孩子买巧克力的日子，可由于我们还是小孩子，所以每年的这一天我们都会给自己的好朋友们送一包糖果。为了改善与萍萍的关系，这天早晨我特意准备了一包糖带到学校。我想在情人节送给萍萍一包糖，她肯定能够理解我的心意，跟我和好如初的。然而走进教室一看，我顿时傻了眼。同学们的桌上都放着一块精致的巧克力，唯独我的桌上空空如也。那应该是萍萍送给大家的礼物并特意如此安排的吧！有几个同学们看了看我，便悄悄地离开了。

就这样，我开始受到班里同学们的排挤，我也越来越不喜欢上学了。因为我心里已经开始讨厌班里所有的同学。平时我没能及时敞开心扉与同学们交流是我做得不够，可这事儿也不能全怪我一个人呀！

但不管我在原来的学校里受到怎样的冷落，我也没有理由那样对待山花小学的小秋啊！如果我真心地向小秋道歉，小秋能够理解我的心情吗？我又一次陷入了苦恼之中，明天开始我该怎么去面对班里的那些同学们呢？

3　人类必须变得成熟

　　上课时间早已过了，可我就是不愿意回到教室。我从山上下来，慢腾腾地走在鲜花盛开的乡间小道上，边走边看路边木牌上的花卉名称。

　　"绿茵，你在干什么呢？"

　　我吓了一跳，猛然抬头，只见老师背着双手站在我面前。

　　"啊，我，我不干什么。我在看花……"

　　"哦，是吗？你要是有闲工夫就帮老师干点活，好不好？"

　　"啊，可以呀。"

　　我跟着老师默默地走着。

　　我想老师早已知道了刚才在教室里发生的事情，可老师就是不提那件事，反而要我帮他干活儿……对啦，可能老师不想在田野里批评我，他肯定是想把我领回办公室再好好教训我。

　　可是出乎我的意料，老师把我领到了校舍后院的学校试验田里，我默默地跟在后面。老师走到试验田里，在一只大纸箱前面停了下来，从纸箱里拿出了两个装满植物种子的纸袋。

"来，你拿一袋。"

"啊，是。"

"这是生菜种子，是上一周科学实验课上种完剩下的。今天绿茵同学帮老师把剩下的这两袋种子种在菜地里怎么样？"

我跟老师一起将生菜种子种在了试验田里。种生菜并不怎么费劲，只要把生菜种子洒在垄沟里，然后往上面轻轻地覆上一层薄薄的土就可以了。

看到我兴致勃勃地种菜，老师便开口问了一句我不曾料到的话。

"绿茵，你听说过杜威这个名字吗？"

"杜威？没有，他是谁呀？"

"杜威是美国的哲学家和教育学家，也是关心社会问题的社会批判家。"

我不明白老师为什么要冷不丁地提出一个哲学家的名字，可我还是竖起耳朵专注地听老师讲故事。

"第一次世界大战结束以后，随着社会经济状况越来越恶化，社会的城市化问题（人口集中在特定的地域，城市特征越来越显现的过程——译者注）和单一化问题（忽略个人的意志和行为，用某种意识形态强制性地统一人们观念的倾向——译者注）越来越严重，美国社会遇到了一系列难题。杜威是一个普通的美国公民，他挺身而出，立志解决美国社会所面临的各种难题。"

啊，说到这里，我才明白老师为什么要给我讲杜威的故事。杜威为解决自己国家遇到的难题付出了努力，那么老师的意思是要我也学着杜威努力去解决自己所遇到的难题。这么说，老师准备给我

ANOTHER DAY, CLOUDY MEMORY
at this moment am i drawing
to remember or to erase

Maisons Neuves 26
83 PIGNANS
(VAR)

NOTHER DAY. CLOUDY MEMORY
a this moment am i drawing
to remember or to erase

Maisons Neuves 26
83 PIGNANS
(VAR)

指点解决难题的妙法喽？

"杜威认为人类不可避免地会遇到各种难题。如果你遇到难题该怎么办呢？"

"嗯……研究解决的对策。"

"对，人类一旦遇到难题就会为解决难题进行反复的思考。杜威认为人类想解决难题的动机就是冲动，而人类充分认识冲动的思维能力叫做理性。换句话说，理性就是人类正确观察和把握问题的思维能力。我们可以据此预测未来，向前发展。"

我忽然想起了镌刻在校舍前面的巨石上的校训："理性指导实践、成熟促进人才！"

"这么说，只要用理性来指导实践，我们就都可以成为成熟的人了？"

"哈哈，从某种角度上讲，要变成一个彻底成熟的人，恐怕一辈子也做不到。因为我们的社会是一个不断变化发展的社会。社会每向前发展一步，都会与我们所掌握的知识发生冲突，从而导致一系列的社会问题。"

"就像随着科学技术的发展，人类从相信天动说转变为相信地动说一样？"

"好，绿茵举的例子恰到好处。可是自然科学领域里发生的冲突解决起来还是相对容易的，要解决社会问题就没那么简单了。当我们赖以生存的自然环境发生某种变化时，或者说当政治、经济、社会、教育等领域遇到什么难题的时候，我们人类就用自身的理性进行反复思考。利用理性反复思考的过程也就是我们不断地积累知识和经验的过程。可是，我们的头脑里一旦有了一定程度的知识，知识就会变成我们的习惯。绿茵也有什么习惯吧？"

"是。我心里不安的时候，总爱把铅笔或者圆珠笔捏在手上转圈。"

"哦，是吗？那往后我还得注意观察绿茵什么时候开始转笔喽……"

"也许老师往后就看不到了。因为我正在努力改掉这个习惯。"

"真的吗？"

"是。可是说起来容易做起来难。如果我刻意不转铅笔或圆珠笔，心里就更加不安。"

"这就对啦。正因为不容易改掉所以才叫习惯嘛。杜威说的习惯也一样，一旦渗透到我们的骨子里就很难改掉。因此，社会一旦发生某种变化，我们的习惯就会不知不觉地与变化了的社会发生冲突，引发各种难题。但我们人类又是具有冲动和理性思维的动物，我们可以通过反复的思考来养成新的习惯，变得越来越成熟。"

老师为什么要跟我讲这些道理，我现在已经完全明白了。老师早已知道今天发生在教室里的事情，可他并没有批评我、责怪我，而是帮助我通过理性思考找到问题、解决问题。

"绿茵呀，在同学们面前让小秋难堪，你的这种行为本身无疑是不够成熟的。可是人活在这个世上谁都免不了犯一些小错误，而这些小错误一旦成为我们的经验教训，便能够使我们更加成熟。"

我虽然没有从老师那里得到解决难题的具体方法，可我从老师的教导中得到了很大的勇气。是啊，在生活中谁都可能面临困难，重要的是如何去努力解决困难。

"绿茵，你看过美国的西部片吗？就是我们经常说的牛仔片。"

"看过呀，怎么啦？"

"我觉得所有西部片都有一个共同的特征，那就是勇于开拓的精神。为了寻找真正属于自己的生活，牛仔们克服千难万险奔向西部。他们身穿牛仔服，有的骑马，有的乘坐马车，源源不断地奔向西部，他们都是排除万难去寻找幸福生活的勇敢开拓者。绿茵，你想不想当一个勇敢的开拓者？"

　　我默默地在心里点了点头。

人类和社会的成熟

　　古往今来有无数的思想家把人类称为"理性的动物"和"具有思想的存在"。没错，作为人类，不管是谁都在积极地适应环境，并为改变自己生存的环境而不断努力。人类历史实际上就是不断改变生存环境的过程。相应地，不断改变自己生存环境的过程也就是人类逐渐成熟的过程。

　　人类与其他动物相区别的重要特征之一，就是每个人都拥有自己的人生目标和生存意识。现在我们来听一听同学们各自的人生目标。

　　"我的人生目标是早日到国外去留学。我要到美国留学，在那里学一口流利的英语，然后攻读生命科学，最终获取生命科学博士学位。"

　　"我的人生目标就是要学好农业科学，到乡下去从事农业生产活动。我要从事的不是现在这种农业，而是要专门栽培特殊的农作物，生产出更加合乎我们口味的农产品。"

"我的理想是当一个画家。在当今社会中，美丽的自然环境不断遭到破坏。为了给人类留下大自然美丽风光的原貌，我想用我的双手画出一幅幅风景画。"

"我要当一个实业家，当一个亿万富翁，帮助天下的穷人，这就是我的梦想。"

由此可见，我们每个人都有自己的人生目标。我们在环境的改变中不断思考，并从中寻找自己的人生目标。换句话说，人类是在用理性不断地改变自己。美国实用主义哲学家杜威认为，理性最核心的课题就是如何促进人类的成熟。

我们在日常生活中，总是用过去的习惯来支配自己的言行。很多习惯已经渗透到了我们的血液里，所以一天的活动几乎像流水线一样按部就班地自动进行下去。可是人类又是具备思维能力的存在，因此能够不断地改变自己的习惯，并在改变自己习惯的过程中使自己变得更加成熟。随着人类的成熟，社会也就随之变得成熟。

从总体上来说，理性是人类让自己和社会变得成熟的力量。因为理性的存在，我们才不会失去对未来的希望。可以说，人类和社会的成熟就是我们共同的奋斗目标。

杜威的教育思想

1. 新朋友小秋

2.逃离实验室

3.杜威的实验学校与老师的山花小学

　　学校必须教育儿童如何与别人共事,从而使儿童得到充分的自由发展。

——杜威

1 新朋友小·秋

　　我跟老师种完生菜回到教室，教室里仍然有好几个同学在坐着看书。我不敢抬头看他们，怕碰上他们的目光。我感觉小秋还坐在教室里，于是低着头迟疑地走到小秋身边，用蚊子般细小的声音对小秋说："嗯，我们……谈一谈，好吗？"

　　我害怕小秋会对我说："我们没有什么好谈的！"不料，小秋爽快地答应了，并站了起来。看小秋的意思好像要去别的地方跟我谈心。见小秋率先走出了教室，我也跟着走了出去。小秋难道是喜欢打架斗殴的孩子？看眼下小秋的举动，就像是不良少年要把弱小的同学叫到老师看不到的地方教训一顿……

　　小秋只顾着往前走，一直走到校舍走廊的另一头，打开了一个房间的门。我往里看了一眼，只见里面乱七八糟地堆放着球、跳绳、跨栏等各种体育器材。看来这里是学校专门保管体育用品的房间。

　　小秋坐在了两张叠在一起的体操垫子上。

　　"别看这里乱七八糟的，可是很安静，还有像床垫一样松软的体

35

操垫子，玩起来非常有意思。"

小秋面露微笑，示意我坐到她身边去。我慢慢地走过去坐在垫子的一角。我不知该如何开口，犹豫了半天才说道："嗯，我想解释一下……我刚才跟你说的那句话。我本来想向你表示感谢的……可是，可是不知为什么却说出了那样的话。小秋，请你相信那不是我的真心话，你能原谅我吧？真是对不起。"

就像排队等待打预防针一样，我的心里忐忑不安。小秋望着我再次露出了灿烂的笑容。

"没关系。一开始我也觉得很惊讶，可看到你的表情我就知道你是无意的。当时你的表情真的很好玩，应该拿数码相机拍下来留个纪念哟。嘻嘻！"

小秋跟我开着玩笑，爽快地接受了我的道歉。看来小秋并不喜欢打架斗殴，而是一个天使般善良和气的孩子。

"你这点小错算不了什么，想当初我犯的错比你厉害得多了。我动不动就跟朋友们吵架，还经常在课堂上跟同学说悄悄话，是全校有名的问题学生，跟老师一起种菜种得最多的孩子恐怕就是我。我知道刚才老师找过你，而且跟你边种菜边谈话，对不对？"

"嗯。"

"如果有谁做错了事，老师就领着他去种菜。这就是我们这里老师教育学生的方法。多亏老师的教育，我已经能够跟朋友们坦诚相对了，遇到难题也能主动去找老师寻求帮助。"

我这才明白，为什么校舍后院有那么多试验田。有问题的孩子越多，需要种的菜也就越多，没有那么大的试验田恐怕种不下那么多的蔬菜。何况那里还有塑料大棚，即使是冬季也可以带着问题学

生去种菜。

"我今天特别高兴,因为又多了一个能够促膝谈心的好朋友……"

说着,小秋向我伸出了一只手,我握住小秋的手轻轻地晃了一下。

对我来说,今天也是一个非常特殊的日子。因为今天我才发现我们的老师非常优秀,今天结识的朋友小秋也是一个非常开朗的孩子。多亏老师的指点,我第一次有勇气向别人道歉。对我来说,上学一直是我心头一个的沉重包袱,现在我知道该如何面对学校和同学了。

2 逃离实验室

　　我离老师说的成熟更近了一步，同时也感觉到学校生活竟然如此快乐。我已经能够跟班里的同学和睦相处，对学校的教学方法也开始感兴趣了。还是爸爸说得对，山花小学的教学设施一应俱全，更重要的是教学内容很丰富，教学方法也很适合我们儿童的心理。

　　在城里念书，有读不完的教科书，解不完的数学题，还有做不完的英语作业。可来到这里，我发现老师天天在给孩子们上社会实践课。看来这里的学校不仅仅教授教科书里的内容，更注重各种实验和手工制作活动。

　　前天我们观看了广播班的哥哥姐姐们制作的广告影像，然后对他们拍的影像进行了评议。他们拍的是我们学校试验田里的白菜，广告除了宣传我们种的大白菜以外，还有"买一赠一"的优惠活动——购买一棵白菜就送一根萝卜。以前看电视的时候我特别讨厌广告，总觉得那些广告都是假的，是骗人的把戏。可今天看到哥哥姐姐们头戴草帽站在试验田里展示自己的劳动成果时，我觉得特别有意思。

我们还用黏土制作了各种收纳文具的器皿和茶杯。我制作的是圆柱形的笔筒，制作笔筒的时候，我还在笔筒的表面画上了我们校舍周围的田园风光。我打算等这些手工艺品烧制出来，就把它们送给好朋友小秋。

哦，对啦。昨天我们学校又举行了一次大规模的实习活动。那就是在学校操场上开设了儿童集市。这种活动城里的学校也时常举行，可我们这里的儿童集市却比城里学校的热闹多了。刚刚转学不久就碰上这种活动，我真幸运！在儿童集市上可以买到一些特别便宜的东西，这次我买到了心仪已久的漫画书和游戏光盘。

当我手拿漫画书和光盘兴致勃勃地回到家的时候，恰好妈妈打来了电话。自从我来到奶奶家以后，妈妈一天不落地给我打电话。

"绿茵呀，吃过饭没有？"

"吃过了。妈妈你呢？"

"妈妈也吃过了。有没有不习惯的地方？"

"没有。妈妈，你就别把我当小孩子看待了，好不好？电话里不是问吃没吃饭，就是有没有不习惯的地方，多么幼稚呀！"

"妈妈是在担心你不习惯乡下的生活。今天你在学校里都学了些什么啊？"

"嗯，今天呀，我们在学校学了类似市场经济原理那样的知识。"

"你能适应那里的教学方法吗？妈妈真担心你的学习成绩赶不上这里的孩子们。"

"妈妈你就别担心了。老师教课教得很好，我们学起来也觉得很有意思。"

"那就好。不管到什么地方都要刻苦读书。还要好好听奶奶的话，听见没有？"

　　"听见啦！"

　　其实我天天在跟妈妈撒谎。在学校种生菜的那一天，我就说我们上了一堂有关生态建设的课，观看广告片的那一天说是上了语文课。如果妈妈知道了实情，会立刻跑过来把我重新接回城里去的。

　　说句心里话，我也不是一点顾虑没有。眼下的学校活动虽然很有意思，但与城里的孩子相比，我落下了那么多课，怎么能考上重点中学啊？

　　哎，不想那么多了，我现在只盼望着两天以后的科学实验课。老师说过，这一次的实验是我们平时根本没有见到过的科学实验，我真想知道那究竟是什么样的实验。

　　科学实验课终于来了。同学们四人一组围坐在实验桌前。

　　"好，现在请大家打开放在桌子上的小箱子。"

　　我代表我们小组打开了摆在桌子上的小木箱。打开箱盖的一瞬间，我不禁愣住了。原来箱子里装的全都是锋利的手术刀和剪子等医疗器械。旁边的同学们也不禁露出了惊讶的表情。

　　"箱子里的工具都是些解剖用的器械，大家使用的时候要多加小心，不要被器械弄伤。"

　　这时，一个同学举手提问："老师，我们今天到底要做什么实验？"

　　"大家都看到了，桌上放着的是解剖器械，今天我们要上一堂解剖实验课。为了进一步了解我们身体的内部结构，今天我们要解剖一下老鼠。"

　　什么，解剖老鼠？我们既不是医生也不是护士，我们都是小学

生啊！让小学生在实验室里解剖动物，这是不是有点不太合适呀？

　　"同学们在电视里也看到过科学家们在实验室里用白色小老鼠做实验。我们的科学家们就是利用小白鼠进行实验，为我们发明和制造了医治各种疾病的药物。过一会儿，老师要给大家发解剖用的小老鼠，我们今天的课程就是了解人体结构与老鼠身体结构的区别。老师先把人类身体器官的示意图发给大家，请大家先讨论一下示意图的内容。"

　　说着，老师给我们每个小组发了一张人体器官示意图，我们各个小组都围着观看。虽然只是一幅画，可我还是觉得恶心不已。而我们小组里的一个同学，则若无其事地指着示意图上的人体器官侃侃而谈。

　　除了打针以外，我最怕的就是那些小动物。说来惭愧，我从小连蜻蜓、蝴蝶都不敢抓。只要一想起它们，我就浑身起鸡皮疙瘩。即便看画也一样，只要看到画有蚯蚓、青蛙等动物的书，我连书都不敢摸一下。

　　没过一会儿，老师从笼子里拿出老鼠分给同学们。看到老鼠，我浑身直起鸡皮疙瘩。现在让我去剖开那只老鼠的肚皮，掏出它体内的器官？不，我死也做不到！

　　我再也坐不下去了。我脸色苍白，忽地站起来仓皇地逃离了实验室！

3 杜威的实验学校与老师 的山花小学

逃离实验室，我径直跑回奶奶家。回家的路上一想起被孩子们开膛剖腹的小老鼠，我就觉得毛骨悚然。

对学校的这种教学方法我开始忧虑起来。说实在的，我也很喜欢亲自观赏、亲手制作、亲身体会这样的学习方式，这比天天坐在教室里听老师枯燥无味的讲课要好得多。可我们毕竟是小学生，总不能天天以玩闹、做实验度日呀！

回到家，我翻开了放教科书的箱子，那里有满满一箱在城里的学校用过的参考书。我拿出语文和数学的参考书看了起来。

不知过了多长时间，天黑了下来。好久没有算过数学题，曾经觉得那么头疼的题目现在解答起来倒觉得挺有意思的。

"绿茵在家吗？"

突然，从门外传来小秋的声音。

"哦，我在家呢。"

打开门一看，小秋手里拿着我的书包站在门外。我急忙走出去，从小秋手里接过书包放到门前的平台上。

"哪有连个招呼都不打就那么离开教室的？我们大家都被你吓坏了。怎么样，现在好一点了吗？"

"啊，我，我只是害怕看见那些恶心的东西。还有，我觉得老师的这种教学方法有点不对劲……"

"为什么？"

"来到这里以后，我发现我们从来没有正儿八经地上过课。照这样下去，不就跟不上城里孩子们的学习进度了？我真有点担心。"

"原来是这样，我早就想跟你谈一谈了。我看你也是个急性子，不过还真没想到你原来这么爱学习呀。嘻嘻！"

我不知道小秋的这一笑意味着什么，小秋到底想跟我说什么呢？

"你想跟我说什么？快讲吧！"

"你家有橙汁吗？我一口气跑过来，口渴得厉害。"

我回到屋里给小秋端来了一杯橙汁。小秋坐在门前的平台上，接过橙汁一口喝了下去，看来她真的渴坏了。

"昨天我被老师叫到他的办公室，老师问我你最近在班里的表现如何。我回答说，你跟班里的同学们相处得很和谐，对学校的各种活动也非常感兴趣。"

"老师是怎么说的？"

"老师说，现在你可以开始念书做功课了。"

"念书？老师说的念书是像城里学校那样的正常上课吗？"

"嗯，其实我们学校并不是专门进行野外授课和实习实验的地

typewriter
I like
pm4:40 and you,by o-c
flying a paper-plane,bicycle,amll:00 and you. I like languid afternoon,wind
o-check I like languid afterno
n,am2:00 and you. I like
eck I like languid afternoon. I like fl   ow, pm2:00 and you. I like
icycle,amll:00 and you,window,   a paper-plane,bicycle,a
rnoon,window, pm2   you. I like di   -
lying a paper-   bicycle,aml?
pm2:00 an   I like writing a letter,typewriter,
m l   n lennon,am2:00 and you. I like
writing a letter,typewriter, pm4:40 and you. I
and you. I like dim li   hn lennon   eck I
am2:00

ANOTHER DAY, CLOUD
at this moment am
to remember or t

spitzer,shatter
Taiho chay-in-ma...
o-CHECK

方，当然也会正常教授课本和各种参考书里的内容。"

"可我为什么没正常地上过一次课呢？"

"那是因为你爸爸到学校来跟老师说过，在你完全适应学校生活之前不要让你死记硬背，更不要实行什么题海战术。你爸爸说，如果你的注意力仍然集中在功课上，你的心病就永远得不到医治……"

啊，爸爸什么时候来过学校？来到学校也不看一眼自己的女儿就回去啦？想到这里，我不禁暗暗吃惊。

"还有，解剖老鼠是别的学校也会进行的一项常规性实验。只有那些没有解剖设施或者只注重死记硬背书本内容的学校才不进行这样的实验。"

原来我错怪了老师，心里十分愧疚。

"我很喜欢我们老师的教学方法。他从来没有强迫我们去念书，而是帮助我们提高理解能力，尽量让我们多参与各种社会活动和校园实践活动。"

"我也很喜欢老师。没有老师，恐怕我就交不上你这样一个好朋友了。嗯，没有老师的帮助，我恐怕早就不愿意上学了。"

"以前老师说过，我们这所学校就是为纪念一个名叫约翰·杜威的哲学家而建立的。"

"约翰·杜威？啊，你是说那个主张遇到难题要用理性去解决的哲学家？"

"对。为了实现自己的教育思想，哲学家杜威在美国芝加哥大学建立了一所实验学校。杜威给实验学校的学生讲授的内容大多是增加他们的切身感受，帮助他们积累经验的方法。杜威认为学生是能够主动思考、自主活动的，所以他的教学方法不提倡死记硬背，而是注重让学生积累经验和自我认知。"

"哇，杜威真像我们的老师呀！哦，不，应该说我们的老师真像杜威，对不对？"

"我们的老师跟杜威有很多相似的地方，他们都特别关注人类的道德行为。人们随着年龄的增长，通过积累丰富多样的经验渐渐成熟起来，可并不是所有的人都会朝着正确的方向变得成熟。杜威说，只有教育才能提高人们的道德意识，帮助人们朝着正确的方向成熟起来。"

"对，这话说得太好啦！多数人朝着正确的方向成长，可也有一部分人恰恰相反。"

观察我们周围人们的情况，的确如此。按理说，只从年龄上看大人要比我们成熟得多，可有些大人在言谈举止上还没有我们小孩子成熟。你看那些在电视上负面新闻被曝光的人，不是打骂别人就是乱扔垃圾，甚至偷窃别人的钱财，这些人就是没有朝着正确的方向成熟起来的大人。

"杜威说，学生必须接受学校教育，因为只有学校教育才能使孩子们选择正确的人生道路，也只有学校才能促使孩子们往正确的方向发展。学校可以给学生提供有价值的经验，引导孩子们健康成长。"

"什么叫有价值的经验？"

"我们在日常生活中经常遇到各种难题，老师说有价值的经验就是解决这些难题的经验。杜威主张学校必须让学生体会到日常生活中有价值的经验。我们受教育并不完全是为了将来能过上好日子，我们念书的目的应该是为了解决眼前所遇到的各种难题。"

"啊，原来是这样！"

现在我已经完全理解了老师的良苦用心。老师是为了纪念杜威才建立了这所山花小学，那么山花小学的教学宗旨当然就是给我们提供"有价值的经验"喽！老师当然希望我们都能上一所好中学、好大学，可老师更希望我们在现实生活中学到解决各种难题的真才实学。

"可是小秋，杜威的实验学校后来怎么样啦？"

"遗憾的是实验学校开办七年之后就关门了。杜威想用符合学生心理的教学方法去教育学生，可芝加哥大学却不承认杜威的这一新型教学方法。"

想到我们的老师，我的心不禁震了一下。如果我们的山花小学也像杜威的实验学校一样被关闭了可怎么办呀？就连我都对老师的做法产生过怀疑，说明肯定还有不少人不理解老师的教育方法。妈妈不就是其中的一个吗？你看妈妈天天给我打电话，问我学校上课正不正常，不正是说明妈妈也不认可老师的这种教学方法吗？

我心里一再祈祷我们的山花小学能够长久地开办下去。

"绿茵，我也该回家了。今天给你讲了这么多，你是不是应该送我回家呀？"

"送你回家？这个要求有点过分。可是我可以把你送到门口。嘻嘻！"

"哈哈。好啦，咱们明天再见。"

"再见，小秋！"

我望着小秋的背影，暗下决心，从明天起一定要更专注地听老师讲课。

哲学放大镜

教育和民主主义

　　道德是人性的标志，是人类必须遵守的社会价值规范，也是人类与其他动物的根本区别所在。很多思想家都在抨击现代社会已经丧失了道德规范，甚至把现代社会说成是"丧失人性的社会"。现在让我们观察一下，哲学家们对现代人和现代社会价值观的评论。

　　"现代人已经沦落为渺小的存在。现代人最明显的特征就是疲于奔命，束缚于传统的奴隶道德观念，根本不能发挥自己固有的创造力。现代人要想变成真正的人类只有一个办法，那就是敢于超越自己。"

　　这是我们熟悉的德国哲学家尼采的观点。尼采主张人类必须敢于打破保守的传统观念，创造充满生机、充满活力的自我价值。只有这样才能恢复人类具有创造能力的真面目。

　　"在日常生活中，人类已经变得举棋不定、优柔寡断、懵懵懂懂。只有敢于决定自己的人生，人类才能找到现实中真正的自我。人类得到拯救的办法只有一个，那就是不断地反省自我，不断地超越自我。超越男女之间的爱情，打破世俗偏见，经历各种体验，人类才能找到真正的存在。"这是丹麦存在主义哲学家克尔凯郭尔提出的观点。

如此看来，很多哲学家都把现代社会看成是丧失人性的社会，或者说是人性被忽视的社会。事实上，在现代社会中占主导地位的思想就是金钱万能主义和物质文明。因此，很多思想家把现代社会说成是虚无的，并为了把现代社会从虚无主义中拯救出来而付出种种努力。

生活在现代社会里，我们天天要面对众多社会、政治、经济等方面的具体问题，这些问题时时刻刻都在给我们带来烦恼和苦闷。为了使人类和社会变得成熟，我们必须建立一个理性的教育体制。用杜威的话来讲，为了人类和社会的进一步成熟，必须推广实验教育。能够自由地进行实验的社会制度就是民主主义社会。

在物理实验中，我们常常先设定前提条件，然后通过一定的实验最终证实这个前提条件的正确性。杜威的实验实际上就是把物理学的实验方法适用到伦理学中。杜威把人类和社会的价值判断及信念作为前提条件，通过一系列的实验，最终得出一个肯定的结论。

实验主义与工具主义

1.接踵而至的难题

2. 为了第二次的成熟

3.人类和社会得以发展的工具

　　能够用来解决各种难题的经验和知识才是最有价值的知识。

——杜威

1　接踵而至的难题

　　我现在已经不再跟妈妈撒谎了，因为我目前的学习情况足以叫妈妈放心。为了补回这段时间落下的功课，不仅我一个人，班里其他的同学都在努力学习，上课、复习、做作业，忙得不亦乐乎。

　　我一个人忙碌情有可原，可班里其他的同学为什么也跟着一起忙碌了起来呢？原来那正是老师为我们精心安排的课程表——老师将实验课程基本上都排在了学期开始，其他学科则被安排到下半学期较短的时间内。正因为如此，我刚来的时候压根就没有看见课程表。别的班里都挂着课程表，唯独我们班里没有挂，同学们谁都没有察觉到这一点。要是我看到别的班的教学情况，或者没有适应老师的这种教学方法，结果会怎么样呢？我肯定会跟老师闹别扭吧！想想真有意思。

　　最近我在学校不仅学习了教科书上的内容，而且还能把教科书上的内容联系到我们的实际生活中来。每天放学以后，还要做各科目的习题集，由于老师每天都要进行小测试，我每天都得认真复习。

我感觉现在掌握的知识比原来全面多了，我正在日渐成熟起来。

忙忙碌碌的学习生活一天天过去，转眼之间暑假就要来了。班里的同学们都为假期计划而唧唧喳喳地发表着议论。

开会时间快要到了，可同学们仍在吵闹个不停。不知什么原因，今天老师也迟迟没有露面。看到老师没来，同学们的吵闹声越来越大了。

过了好一阵子，老师手里拿着几张纸来到了教室。同学们这才回到自己的位置上向老师行礼。

"同学们，对不起，老师今天来晚了一点。老师刚才接到了一个重要的通知。这事儿跟大家也有关系，请大家好好听听。下周有一个参观团要来我们学校访问，他们都是首尔的小学生，到这里来主要是体会我们学校的学习生活。他们要在这里住三天，我们大家要好好帮助他们体验这里的生活，大家说好不好？"

"老师，我很想再做一次解剖老鼠的实验。城里来的绿茵同学还没有做过那个实验呢！所以我提议趁客人们来访之际，我们再做一次解剖实验吧！"

"嘻嘻！哈哈！"

孩子们哄堂大笑。老师也朝我挤了一下眼睛笑了起来。

"好，这是一个很不错的主意。不过要给你们提供做实验的老鼠，老师还要到地里去折腾几天呀！哈哈！"

"我想做烤面包实验。上回我们做了草莓酱，这次我们做烤面包，把草莓酱往面包上一抹，我想肯定会很香的。"

"面包不好吃，我们还是做点心吧。做点心好吃又好玩儿。"

"还有没有别的意见？"

看来草莓酱的诱惑力非常大，同学们的意见最后都集中在了烤面包上。一想到刚刚烤出来的热乎乎的面包，再加上酸甜的草莓酱，我就不禁流起了口水。

同学们仍在七嘴八舌地出着主意，迎接客人来访的接待方案也在紧锣密鼓地制定。大家都绞尽脑汁，想让城里来的同学们在这里度过一段愉快的时光。

我也跟其他同学一样，在琢磨着有什么与众不同的好主意。到底用什么方法来接待客人更有意义呢？

啊，杜威！山花小学不就是为了纪念杜威才建立起来的吗？我们跟来访的客人们共同举办一次杜威座谈会不是很有意义吗？我怎么才想起杜威来啊！

"老师，跟城里的同学们一起上课之后，我们办一次课后座谈会怎么样？我们的教学方法跟他们有什么不同？我们和他们相比有什么长处和短处？如果我们诚恳地讨论各自的优点和缺点，我想不管是对客人还是对我们自己都有好处。老师也可以给他们讲一讲建立山花小学的初衷嘛！"

"哇！"

教室里回荡着孩子们的赞叹声。提出了一个别的同学没想到的好主意，我心里十分得意。可我更想告诉客人们，我们的老师是多么伟大。

"绿茵的确提出了一个绝好的主意。听听城里孩子们的意见，我们不仅可以学到很多新的知识，而且还能弥补我们的不足。好，接待方案已经差不多成型了，等老师整理好了之后就贴在教室墙报上。客人们在我们这里要待三天，我会跟城里的老师一起商量让那些小客人和咱们的同学结成对子。这样可以互帮互助，互相学习。等名单出来了，请大家好好记住自己伙伴的名字。"

会议结束了，大家纷纷跑去操场集合。第一节课是体育课，今天的体育课要跟隔壁班进行一场足垒比赛。按理说比赛之前要进行热身和训练，可由于会议结束得比较晚，我们来不及做什么赛前准备了。可我还是对我们班的实力信心十足，因为我们班里有不少"足垒神童"。我们有力大无比的投球手，有身手敏捷的接球手，还有健步如飞的跑垒手。而说到本垒打，那可是我的强项啊！

不出我所料，我们大获全胜，这都是班里"足垒神童"们齐心协力的结果。参加比赛的选手们与对方选手一一握手之后，一起跑向看台。看台上的同学们鼓掌的鼓掌，呐喊的呐喊，热情地迎接我们这些凯旋的选手。不知什么时候，老师也来到看台上，站到孩子们中间，朝我们挥手。

比赛结束之后，我跟小秋没有直接回教室，而是来到了上回谈心的那间体育器材室。按规定比赛获胜的一方负责整理和保管比赛用品。我们队的队员们说要用"石头剪刀布"来确定具体人选，结果就是我和小秋负责把运动用品送回来。

"绿茵呀，我真为你担心。"

"担心我什么？"

"我怕你到时候还要像上次那样逃跑。"

"什么到时候？我干吗要逃跑？"

"如果下次跟城里的同学一起解剖老鼠，你还不得吓跑啊？"

"小秋！"

小秋望着我笑了笑。我真有点不好意思。当时我真的很害怕，而且对老师让学生做这种过分刺激感官的实验很不满，可现在想来我当时的行为真令人惭愧。虽然现在叫我解剖老鼠我还是有些发怵，可至少这一次我不会落荒而逃了。

"小秋，这一次我亲自做给你看看，我比医生还要熟练呢！"

"嗬，此话当真？那我就等着看你一展身手啦！"

"我已经懂得了实验的真正含义。杜威说过，没有任何条件的实验不能叫实验。实验是拿某一理论作为前提条件，并通过一系列步骤验证这个前提是否合理。解剖老鼠就是一个非常重要的实验。我们解剖老鼠不是单纯为了了解老鼠的身体结构，而是在了解我们自身身体结构的前提下，通过对老鼠的解剖实验，最终证实我们的前提正确与否。"

我滔滔不绝地说道。

"哟，好厉害呀！你什么时候学了杜威的哲学？"

小秋瞪大眼睛惊讶地看着我。

"嗯，为了做阅读课作业，我曾经看过一些有关杜威的书。杜威把整个世界当成实验室里的实验对象。"

"那么，杜威设立的前提条件是什么？"

"我们的这个世界是不断发展变化的。在这个世界里，我们人类可以利用理性变得成熟。这就是杜威设立的前提条件。"

"这么说，杜威把我们人类的理性当做实验工具喽？"

"对，杜威把我们的人生看做一场实验。遇到难题，我们就可以用理性来解决难题，如果这种实验反复进行下去，我们的社会就有可能变成理想的社会。可以说，理想社会的实现就是杜威实验的最终目的。"

"杜威真是一个聪明的哲学家。从各个角度观察和对我们的人生进行实验可不是一件容易的事情呀！"

我们一边走一边谈论杜威，很快就回到了教室。走进教室，看到几个孩子站在墙报前面议论着什么。看来老师已经整理好接待日程表和结对名单，贴在墙报上了。

我和小秋也来到了墙报前。我也很想知道这次接待活动的日程安排和与我配对的小伙伴的名字，可是，当我看到那个名字的一瞬间，我差一点喊出声来。

原来，到我们学校访问的竟然是我原来上的学校——首尔名门小学。并且，更令人不可思议的是萍萍的名字也列在访问团名单里，而且还是我的结对伙伴。这就是说，他们来访的三天里我必须跟萍萍形影不离。

"小秋，那上面写的……是名门小学吗？"

"对，是名门小学。"

"我的结对伙伴是叫萍萍吗？"

"没错。绿茵你怎么啦？"

我觉得这件事很蹊跷。老师明知道我是从名门小学转学过来的学生，可在开会的时候却根本没提这事儿。肯定是我们的老师和名门小学的老师密谋策划，故意把我和萍萍撮合到一块儿的。

想到这里，我立刻跑到教务室去了，我得赶快找老师问个究竟。

"哦，是绿茵来啦？找我有什么事？"

"老师，你怎么可以这么做呀？"

"怎么，出了什么事了吗？"

"老师，你就别装糊涂了。从首尔来的访问团是首尔名门小学的

学生，老师早就知道了，可为什么没有提前告诉我？还有，来访团里有那么多孩子，老师你怎么偏偏安排萍萍做我的伙伴呢？”

“绿茵呀，你先喘口气慢慢听老师说。名门小学到我们学校来参观访问的确是非常偶然的事情，我问名门小学的老师认不认识一个叫徐绿茵的学生，他们也感到很惊讶。我们谈了很多，最后共同做出了这样的决定。我劝你不要钻死胡同，要多朝好的方向想。老师认为这一次是徐绿茵同学进一步成熟的好机会……”

“可这太过分了。来就来吧，干吗要我跟萍萍结对呀？”

“也许老师的决定是过分了一点。但是你为什么不把这理解为是一次与萍萍消除误会、和好如初的机会呢？难道你不想与萍萍重新成为好朋友吗？”

“是。我是想跟她言归于好，可这还需要一段时间。刚一见面怎么能立刻和好呀？”

“绿茵呀，你还是听老师的话。刚开始可能谁都不好意思开口，可在三天的共同生活中，大家都可以调整心态嘛。假如你和萍萍不是结对的伙伴，你们俩肯定会因为过去那点小事而总是回避对方，那么哪有机会交流感情呀？弄不好老同学好不容易从城里来一趟连一句话也说不上就要分手呢！你不觉得这是一件很遗憾的事情吗？”

老师的话不无道理，可眼下我还是有点想不通。

“绿茵呀，到底怎么办好，我劝你还是好好考虑一下。如果需要老师帮助，老师会全力以赴的。”

我想象了一下即将要发生的情景。萍萍来到我们学校，我们俩不可避免地要天天碰面。如果按老师说的，我们俩都被安排为别人的伙伴，那么我们俩肯定会尽量回避碰到一起。三天后，萍萍就要返回城里，结局便是我们俩连一句话都没说上就分手了。

　　可我真的没有信心与萍萍一起度过三天。如果我主动向萍萍道歉，希望言归于好，她能够接受我的心意吗？她可是没有学过杜威哲学理论的孩子，能够理解我的心情吗？

2 为了第二次的成熟

今天是名门小学师生来我们学校参观访问的日子，全体学生在操场上列好队等待来自名门小学的客人们。不久，一辆大客车驶入校门到了操场中央。车门一开，老师和同学们逐个从大客车里走了下来。首尔来的同学真不少，可其中我能够认出来的只有萍萍一个。

我们班的同学与名门小学的小客人热情地打起了招呼，两个学校的老师也在热情握手相互致意，同学们唧唧喳喳地说着笑着寻找自己的结队伙伴。啊，我和萍萍尴尬的相遇到底来临了。我十分不自然地向萍萍打了一声招呼，萍萍却愣在了原地。

我没有跟萍萍寒暄就开始带她参观学校，我尽量用热情而亲切的态度给萍萍介绍了我们学校的情况。尤其走到校舍后院鲜花盛开的小山路时，我更是详细地给她介绍了我们的试验田。

"这条山路是同学们最喜欢走的小路。小路两侧总是盛开着美丽的鲜花，而这些鲜花对我们的学习也有很大的帮助。这里的植物种类繁多，每个季度都有不同的鲜花次第开放。我们经常到这里来照相留念，还对照这些植物学习《本草纲目》和《植物图鉴》。"

"是吗？看来你们不用特意去植物园、公园之类的地方了。哇，这些花真漂亮。"

沿着小路走上山坡，我看见了大树下的一张长椅。山坡上有很多休闲长椅，可大树下的这张长椅对我来说有着特殊的意义。记得刚转学的第二天我就惹了一场祸，当时我实在没脸见大家就逃到了这张长椅旁。那时候真想找个地洞钻进去啊！

逛完校园，我们就开始上烹饪实习课了。我们俩站在工作台前，先是检查工作台上的材料，然后按照老师的指导开始制作面包。

"大家已经往面粉里放好白糖、盐和黄油了吧？好，现在大家盛好150毫升的温水，然后再往温水里放入4克酵母粉，均匀地搅拌一下。等酵母粉融化之后就把它倒入面粉中。"

我们笨手笨脚地调配好各种材料，然后和起面团来。我们又是捏又是拍的，把面团一直和到闪闪发亮为止。虽然胳膊有点发酸，可摸一摸面团手感还不错。

在面团发酵和烤制面包的过程中，老师给我们讲解了人类制作面包的历史，同时还给我们说明了制作时需要注意的几个问题。面包的香味飘过来了，孩子们已经为那香味而陶醉，根本听不进老师的讲解了。

面包烤好了，我们欢呼雀跃，拿起面包刀切开了自己制作的面包。萍萍的心情一直有些低沉，可在香喷喷的面包出炉的那一瞬间，她也露出了兴奋的笑容。这毕竟是我们自己的劳动成果呀！面包做成了，我们围坐在一起蘸着草莓酱津津有味地品尝着自己的劳动成果。萍萍边吃面包边不停地问我："这草莓酱是从哪儿买的？""这草莓酱是怎么做的？为什么这么香？"看到萍萍的情绪多云转晴，我心里也安定了下来。你们说怪不怪？萍萍是我最讨厌的孩子，可今天萍萍一兴奋我也跟着高兴起来了。

烹饪课结束了，我带着萍萍往奶奶家走去。我已经得到了奶奶的许可，带着自己的结对伙伴到奶奶家过夜。前往奶奶家的路上我们俩一直沉默不语，谁都不肯先开口说话。我心想，现在一路上还能东张西望，欣赏沿途的风景。要是回到家，我们俩还是像哑巴一样沉默不语，那才又难受又尴尬呢！

"奶奶，我回来啦！"

"哎，我的孙女回来了？哟，我猜你就是从城里来的闺女吧？"

"您好，奶奶。"

"好，好。真乖。一路上吃了不少苦，快进屋休息吧！"

"谢谢您，奶奶。"

咳，现在想起来这真是一件幸运的事情。如果被爸爸妈妈知道了这事儿，还不得闹得满城风雨。多亏家里只有不清楚情况的奶奶，我还能蒙混过关。饭吃完了，我们待在房间里无所事事。

天亮了。我跟萍萍度过了沉闷、尴尬的一夜，来到了学校。当初听老师讲道理的时候，我还对跟萍萍和好颇有把握，可一旦与萍萍见了面才发现两个人的交流完全不像想象中那么容易。今天第一节课是科学实验课，我暗暗为萍萍着急。因为今天的实验课内容正是解剖老鼠，萍萍她能受得了吗？

我们班里的同学们已经有过解剖老鼠的经验，所以轻车熟路地帮助名门小学的同学一起做着解剖。由于名门小学的同学们头一回见到解剖老鼠的场面，他们不禁有些紧张，可并没有发生逃出实验室之类的尴尬事情。我也咬紧牙关坚持了下来。

实验结束了，我不由自主地叹了一口气。萍萍似乎还没有从紧张的气氛中解脱出来，仍然握紧拳头站在实验台前。

嘿！虽然我的胆子也很小，可看着萍萍失魂落魄的样子，连我都不禁哑然失笑。萍萍看到我在笑她，流露出难为情的神色。我连忙止住了笑，如果我们俩在这里再次翻脸可不得了呀！

"下一节是体育课，你赶快回教室换衣服到操场集合。我在操场上等你。"

我怕萍萍因为看到我笑她而发作，便立刻催促她。还好，萍萍二话不说跟别的同学一起回教室去了。

名门小学的同学们都换衣服去了，我们班的同学们则留下来整理实验室。还是穿运动服上学好啊，不仅活动方便，而且随时随地都可以参加体育活动。

"绿茵呀！"

听到有人叫我的名字，我猛然抬起头来，原来是萍萍。

"咱俩谈一谈好吗？"

嗬，萍萍的动作这么利索，这么一会儿工夫就换完衣服啦？刚才我笑话了她，她是不是想跟我找碴儿呢？现在想躲避已经来不及了，因为实验室已快整理完了。我找不出合适的借口，只好带着萍萍来到了体育器材保管室。

"绿茵，你跟我说实话。你是不是早就知道我要来你们学校参观？"

"哦，我，我是知道你要来，可是我们俩结对的事我却一点也不知道。我也没想到会跟你分在一组……"

"看来在我来这里之前，你就很担心这个事了。说实话，我刚刚见到你时也是又惊讶又担心，可现在反倒觉得我非常幸运。自从你转学之后我很后悔，我真想跟你说一声对不起，可是我不知道你转到哪个学校去了。我问过班主任老师，可班主任老师说不知道你的下落。老师是怕我继续跟你找碴儿，故意不告诉我的。"

"啊？"

我不禁怀疑起自己的耳朵。可我并没有听错，千真万确，萍萍就是这么说的。

"我本来想早一点找你说说心里话，可我一直没有勇气说出口。今天的实验课，解剖老鼠差点没把我吓死，我根本没有心思琢磨那些事。我想，要是再不说出来恐怕以后就没有机会了，所以我才叫你出来的。"

"其实，我也早就想跟你和好了。我每次都告诉自己，下次再见面时就向你道歉，可每次见面又都不知道该怎么开口。"

"是我对不起你。我心胸狭窄，在朋友们面前说你的坏话，我现在正式向你道歉，请你一定要原谅我。"

"我也对不起你。当听到你说我坏话的时候，我应该好好想一想你为什么那么说，或者直接找你沟通，可我并没有这么做……"

我和萍萍都露出了会心的笑容，这是我们俩之间久违的笑容。

"我刚才真的吓了一跳。我以为你找我是因为我刚才笑话你，要找我算账呢！"

"你看你，又多心了不是？"

"我不能不多心呀，嘻嘻！"

还是老师说得对，就像与小秋的和解让我变得成熟一样，这一次跟萍萍的交涉让我获得了人生的第二次成熟。我们就像一对亲姐妹一样肩并肩、手拉手地向操场跑去。

Maisans Neuves 26
83 PIGNANS
(VAR)

ANOTHER DAY. CL
ex this moment a
to remember or

3　人类和社会得以发展的工具

　　下午，我们班的同学们和名门小学的同学们欢聚在教室里，召开座谈会。我们的班主任姜老师和来自名门小学的李老师也分别坐在了教室的两边。

　　我们首先让名门小学的小客人们发表自己的感想。今天的座谈会采取了非常随意的方式，发言的人既不用走到前面的讲台上，也不用站起来，而是坐在自己的座位上就可以畅谈想法和感受。

　　"山花小学真美丽。学校周围鸟语花香，还有有趣的试验田，我真喜欢这里的环境。"

　　"山花小学的课程也很有意思啊！烹饪课上我们亲手制作了面包，科学实验课上我们还第一次做了老鼠解剖实验。我们都觉得很新奇。"

　　"是啊，烹饪课虽然上了两个多小时，可我们觉得也就是一眨眼的工夫。我真想再体验一次。"

　　来到这里，名门小学的同学们头一回体会到与城里小学截然不同的教学方式和气氛，看来这一切确实给他们留下了深刻的印象。再加上我们有和蔼可亲的班主任老师，恐怕他们谁都不愿意回到城里去了。

"姜老师，我可以向您请教一个问题吗？"

一直在默默地听同学们发言的名门学校的李老师开了口。

"您不要太客气，有事就尽管问吧！"

"山花小学应该算是代案学校（Alternative School，专门收留有专长的孩子，并以非常规的教学方法培养孩子们某项专长的特殊学校。目前中国还没有设立这种学校——译者注）吧？社会上有种说法，说在我们韩国，这种学校是专门为那些不能适应正常学校学习环境的学生而设立的。他们中有的孩子比较自闭，有的孩子太过活跃，还有一些孩子则是因为其他原因。对这个看法您是怎么想的？"

咦，这又是什么话？要说我一个人有点儿问题转学到这里来还差不多，可我们学校这么多的学生不可能都是有问题的孩子呀？

"哈哈，是啊，现在有很多人都认为代案学校的学生，都是有问题的孩子。当然，在我们学校里个别学生确实是有着这样那样的困扰。可有一点必须得澄清，代案学校是敢于挑战传统教学方式，弥补常规学校不足，开创崭新教育模式的地方。韩国教育部也对代案学校下了定义，说代案学校是'对愿意接受特长教育的学生提供生活体会、兴趣培养、人生观教育等多样的教育内容而设立的学校'。"

"昨天第一节课就是烹饪实习。利用两个多小时的时间让孩子们制作面包，我总觉得这样的教学方法似乎有点儿欠妥。您看呢？"

"我认为这是我们观点上的差异。我觉得在制作面包的过程中，孩子们能够学到很多在课堂上学不到的知识。现在的孩子们衣来伸手，饭来张口，因此对于食物的珍贵和劳作的艰辛，他们几乎体会不到。唯有自己付出艰辛的劳动制作出面包，他们才知道我们天天吃的每一种食物都是来之不易的。还有，我们很多孩子对食物的来源和历史都不了解。今天通过制作面包，很多孩子都已经补上了这一课。他们也学会了厨房用具的使用方法以及注意事项。我们的孩子们早晚要进厨房烹制食物，我想今天的烹饪实习对他们将来的实践活动来说肯定是一个非常有益的尝试。"

"可是，不能说所有的孩子将来都要去当一个厨师呀？"

"您说得没错。我们的教育方式不能适用于所有的孩子，毕竟他们有着各不相同的志趣。我们只是尽最大努力为孩子日后的学习生活打下基础，这是我们授课的基本原则。请问李老师主要以什么方式给学生传授知识呢？"

"我的教学原则是尽最大的努力让孩子们接受更多的正规教育。孩子们的潜力是无穷无尽的，而且孩子们各有所长、各有所好。为了实现自己的理想，应该让他们努力去掌握书本上的知识，考取一流大学。我听说山花小学也有针对高考而设置的正规教育班，你们设置这种班级的目的，不也是为了让他们考取大学吗？"

"对。我承认我们这里确实存在您说的那种现实问题。我们的孩子们虽然拥有无穷无尽的潜力，可不一定每个孩子都能拿到优异的考试成绩。我们山花小学从来没有把正规教育班当做重点班。李老师也知道，我们这个学校是根据杜威的教育思想设立的。杜威教育思想的核心在于提高全民素质，促进整个社会的发展，而不是让孩子们考取某一所重点大学。换句话说，培养成熟的人才，好让他们能够在社会中备尽所能，为社会和人类的发展完善贡献自己的力量，这就是杜威的教育思想。我们认为要想实现理想的社会，我们每个人都应该成为成熟的人。可现实情况是什么样的呢？如果人们都把目光锁定在以考取一流大学为目的的'应试教育'和以走进一流企业为目的的'就业教育'之上，长此以往，我们想要建立完善社会的理想注定会落空，这个社会将变成一个恶性竞争的社会。我们建立这所学校的初衷就是为了改变人们目前的这种错误理念。"

老师刚提起杜威的时候，我觉得杜威的名字特别亲切。可听了老师说建立这所学校的初衷就是为了培养成熟的人才，我甚至觉得我们的老师比杜威还要伟大。因为我已经知道把自己的想法付诸于现实是一件多么艰辛的事情。爸爸经常跟我说，确定一个明晰的目标不容易，实现这个目标更是难上加难。

"老师，我想说一句。"

"好哇，绿茵同学，你也谈谈吧！"

"杜威说过不能改变我们生活的知识是毫无意义的知识，同样，盲目追求知识也是没有意义的。比如说'水往低处流'这个知识就其本身来说并没有什么意义，但是当我们利用这一原理制作水车，用来改善我们生活的时候，这个知识才真正体现出自身的价值。很多学者都认为，岁月虽然会流逝可知识永远不变。但事实上，随着社会的发展知识也在不断地更新。因此杜威说能够应用于我们生活的知识才是真正的知识。"

"说得好！把知识当做生活的工具，这就是杜威的工具主义理念。"

"还是山花小学的同学们掌握了真才实学，佩服。姜老师，您的山花小学培养出了这么优秀的学生，我真心佩服您的教育方法。哈哈！"

经两位老师这么一夸，我不好意思地低下了头。萍萍在我身旁

朝我悄悄地竖起了大拇指。

"哟，时间已经不早了。今天的座谈会就开到这里吧！我提议剩下的时间让两个学校的同学们互相交换纪念品，怎么样？"

"好，我同意。姜老师，下一回请您带着山花小学的同学们到我们名门小学来参观访问，好吗？"

两位老师握手告别以后，两个学校的同学们来到了小礼堂。在那里我们玩了一阵游戏之后，便互相交换了纪念品。萍萍给了我一封信。

"这是我给你的信。等我离开这里以后，你再打开看吧。"

"为什么现在不能看？"

"我有点不好意思，其实里面也没什么。"

我笑了笑，接过萍萍写给我的信塞进了书包里。

"不过，你什么时候学会了那么多的哲学知识？"

"你是说杜威的教育思想吗？那都是我们班主任老师教的。"

"我真想转学到你们学校来。上课有意思，老师也特别和蔼。"

"好啊。你来了，咱俩就可以天天一起上学啦！"

"好，等我转学后我就住在你奶奶家的隔壁。嘻嘻！"

分手之前，我和萍萍说了很多一直埋在心里的话。

离别的时候终于到了。同学们都依依不舍，我和萍萍都哭了。

回到教室，我打开了萍萍给我留下的那封信。

亲爱的绿茵：

　　咱们俩这一次重逢会让我永生难忘。

　　我感谢你原谅我，接受我的道歉。

其实我这次来是班主任老师的主意。这次来参观山花小学对我来说收获很大，既跟你言归于好又学到了很多知识。

放假以后，我一定会再来看你的。我会经常想念你的。

再见，我的朋友绿茵。

萍萍

看着萍萍写给我的信，我的眼睛又湿润了。我把信件重新放到书包里，朝着回家的方向久久凝望着。

哲学放大镜

难题的产生与解决

我们活在这个世上,每天都会碰到许许多多的难题,每时每刻都在应对来自各方面的挑战。面临外界的刺激,别的动物只能做出本能的反应,可我们人类除了做出本能的反应以外,还会做出理性的反应。生活中遇到的各种难题,我们应该如何应对呢?现在我们来听听下面几位同学应对难题的感受吧!

"每次考试,我的名次在班里都是倒数。可在这次综合考试中,我却取得了全班第五名的好成绩。你们是不是很想知道我是怎么做到的呢?你们谁都想不到为了取得这个成绩,我进行了多么艰苦的探索和实验。一个月来我与电视、电脑、手机彻底决裂,全身心地投入复习。现在我给大家讲几条自己的感受。第一,上课时间集中精神听讲,认真做好课堂笔记。第二,回家以后利用一两个小时的时间认真复习白天学过的内容,有不明白的地方做好标记,第二天请教老师。第三,每天利用三十分钟的时间做好第二天的预习。这就是我取得好成绩的秘诀所在。"

"不知从什么时候开始，我觉得熙熙攘攘的城市生活就像在监狱里一样痛苦。我感到非常苦闷，每天都在阴郁不堪的情绪中度过，甚至失去了所有的欲望。可是你们也看到最近以来我重新焕发精神，找回了往日的生机，这是为什么呢？其实我也是通过探索和实验做到了这一点。解决难题的方法说来也很简单。每到星期天我就乘坐公共汽车到市郊乡下去随便走走。饿了就吃方便面和饼干，整整一天在乡下的小路和山间小道上散步。漫步在山间的小路上，我思绪万千，浮想联翩。我想到爸爸和妈妈、朋友和学校，也想过我的未来。想开了，我的心情也舒畅了，我的生活便开始一天天恢复了生机。"

"你们说得像大人一样。这一段时间以来，我和我爸爸妈妈经常闹别扭，家庭气氛并不怎么和睦。爸爸妈妈总是偏向我哥哥，对我就是看不顺眼。嫌我不勤换洗衣服，嫌我吃饭动作太慢，嫌我不用功成天抱着电脑不放，就连打扫房间也嫌我没有哥哥打扫得干净。爸爸妈妈天天跟我过不去。为了摆脱这一烦恼，我也跟你们一样做了几次有益的探索和实验。通过探索和实验，我终于找到了问题的症结所在，烦恼也就迎刃而解。就这样，我把我的思维当做解决难题的工具，用我的理性思维解决了一个个麻烦。"

从上述几个例子可以看出，难题并不是无法改变的最终结局。只要我们刻苦探索难题产生的原因，正确使用实验方法，就可以化解尚未形成决定性结果的难题并从此进入良性循环。

实用主义价值

1. 这些成就归功于杜威

2.学海无涯

3. 离开山花小学

　　　　　人类的体会本身也是随着生活环境的变化而
不断变化的。

　　　　　　　　　　　　　　　　　　　　——杜威

1 这些成就归功于杜威

　　放假的日子终于要来了。提到假期我心里不免有点空虚，可一想起这个暑假萍萍要到我们家里来，我就非常高兴。萍萍来了我该怎么招待她呢？这几天，我满脑子都在想萍萍来了以后，领她去游山玩水的事情。

　　当我打扫完教室，正在整理卫生工具的时候，班主任老师来到了教室。

　　"绿茵呀，跟老师谈一会儿好吗？"

　　"好的，老师。"

　　我跟着老师来到了教务室。在教务室里老师把一个装有生菜的塑料袋递到了我面前。

　　"这是什么呀？"

　　"怎么，这么快就忘了？这是你刚转学来的第二天，咱俩一起种的那个生菜。"

　　"啊，已经长这么大了？"

"当然喽。其实咱们种的生菜早已长大了。可是这一段时间老师身体有点不舒服，所以先拔了几棵吃掉了。"

"老师，你骗人！生菜又不是药材，你身体不舒服干吗要吃生菜呀？我想老师肯定是在家里吃烤肉的时候拿生菜包肉吃啦！"

"哦，让你看出破绽来了！哈哈！这个生菜可不是一般的生菜，是我们绿茵同学亲手种下的啊。在我看来，这一个学期绿茵同学也像这生菜一样茁壮成长，变成了一个成熟的孩子。你是不是已经跟萍萍和好了？"

"嗯，是的。不过这都应该归功于老师。"

"不，绿茵取得的这些成就都应该归功于杜威呀！多亏有了杜威，我们的绿茵才能跟小秋友好相处，也能跟萍萍和好如初。老师对绿茵这一个学期的表现非常满意，也真心为你骄傲。"

"谢谢老师。多亏有了杜威，我今天能够饱餐一顿生菜包肉了。回去我要奶奶给我买两斤五花肉，好好享受一下我的劳动成果。"

几天后，萍萍来到了这里。萍萍早就该来了，但因为她妈妈事先给她申请了英语夏令营，她只好参加完夏令营之后再来，所以晚了几天。

在这期间，妈妈也给我打了好几个电话，催我赶紧回首尔去。好在爸爸跟妈妈说工作太忙没时间来接我，我才能捱到现在还不回首尔。

"您好，奶奶，我又来了。"

"哟，是上回的那个闺女呀！欢迎你来我们家玩。"

"奶奶，我们俩出去一会儿就回来。"

"好的，早点回来啊。"

"是。"

我们俩齐声回答完奶奶，便一路小跑来到了我们的山花小学。已经放假好几天了，平时喧闹的学校如今一片宁静，看不到一个人影。

"哇，山花小学什么时候都这么美丽！"

"我们的学校漂亮吧？可我最喜欢的还是学校后院那条鲜花盛开的小路。"

"绿茵呀，你刚来这个学校的时候是什么感觉？"

"刚来的时候？哎，别提了。刚来第二天我就惹了一场祸。"

"什么，惹祸？什么祸？"

"转学第二天，我就在全班同学的面前骂了一个叫小秋的同学。"

"为什么呀？"

萍萍一边采着路边的野花一边问我，我就把当时给小秋难堪的事情向萍萍说了一遍。

"后来怎么样了？"

"后来老师带着我种了生菜。"

"什么？跟同学吵架，老师干吗要你种生菜？"

"这你就不知道了。那天无意之中骂了小秋，我自己也觉得不好意思，便跑出教室到那边的山坡上待了一会儿。当我沿着这条小路回教室的时候，碰见了老师。我心想这下可完蛋了，肯定要挨老师批评了。但是老师既没有责怪我，也没有提那件事，只是让我帮他种生菜。老师边种生菜，边给我讲了杜威的故事。"

"杜威的故事？"

"嗯。杜威说，只要是人类，不管是谁，在日常生活中都会遇到这样那样的难题。可是人类不同于其他动物，人类拥有解决难题的意志和能力，所以能够解决一个又一个难题，最后成为一个成熟的人。从此，我有了勇气，开始试着解决生活中遇到的难题。"

"你是说最后跟小秋和好啦？"

"对，我不仅跟小秋和好了，而且还跟你解除误会重新成为了好朋友。这都是我们的老师和杜威的功劳啊！"

"你们的老师太伟大了。"

"我也这么想。多亏老师的指点，我开始了解哲学家杜威。杜威是 1859 年出生于美国的教育家、哲学家，他在有生之年做了很多善事，跟我们老师一样伟大。"

"你给我讲讲杜威的故事好吗？我也想了解杜威。"

"杜威在他八十岁高龄的时候还在自己的别墅里养鸡养鸭，给邻里乡亲们送去鸡蛋、鸭蛋。他平时总是穿一条短裤，骑着破自行车给大家送东西，不认识他的贵妇人们都以为他是一个'卑贱的仆人'。当杜威把账单给大家送去，看了账单的人们才知道，这个'卑贱的仆人'原来正是大名鼎鼎的哲学家约翰·杜威。他们万万没有想到身穿短裤、骑着自行车挨家挨户送货的老头子，竟然是一位著名的哲学家。"

"这可是一般的名人做不到的事情呀！杜威真是个了不起的人物。"

我们俩边谈论杜威边在学校周围转悠，不知不觉来到了学校的香瓜地。

"哇，这香瓜闻起来好香呀。"

"那咱们摘两个尝尝。"

"随意摘人家的香瓜可以吗？"

"这都是我们自己种的香瓜，自己种的东西为什么不能随便摘呀？这是地里的香瓜，跟大棚里种的香瓜味道完全不同。"

我早就想让萍萍尝尝我们在学校试验田里种的香瓜了。我沿着香瓜藤小心翼翼地摘下两个熟透的香瓜，递给萍萍一个。

"哇，好香呀！我从来没有吃过这么甜的香瓜。"

"真甜。吃了香瓜才觉得肚子有点儿饿。好啦，咱们也该回家吃饭了。"

我和萍萍一路吃着香瓜来到了学校操场。在那里我们与班主任老师不期而遇，我们的手里还拿着没有吃完的香瓜呢！

"哟，是绿茵和萍萍啊。来学校玩吗？"

"是。我们随便转转，顺便摘了两个……"

"香瓜味道怎么样？熟透了吗？"

"嗯。熟透啦！这香瓜太好吃了。"

没有得到老师的许可擅自摘香瓜吃，我们还以为老师要狠狠地批评我们俩呢！

"没有我的份儿呀？你们真不够朋友。没有给老师带香瓜，你们是不是该受罚呀？现在你们俩跟我走一趟，我要好好地罚你们一下。"

我们俩不知道老师要怎么惩罚我们，互换了一下眼色便跟在了老师的后面。老师把我们带到香瓜地，对我们说：

"来，现在开始我们三个人一起摘香瓜。注意不要踩坏瓜藤，小心摘下香瓜放到地上。"

我和老师，还有萍萍三个人动手摘起了香瓜。摘香瓜并不怎么费劲，只摘了一会儿，地里已经堆了不少的香瓜。

"别忘了有好吃的必须要跟大家一起分享。我们已经辛苦地摘下了香瓜，干脆再辛苦一下，把这些香瓜挨家挨户给乡亲们送过去，怎么样？"

"好，就像杜威那样，咱们挨家挨户送香瓜。"

我们把香瓜装进了老师拿来的柳条筐里。这时，老师又从山坡那边开来了小型手扶拖拉机。手扶拖拉机"突突"地响着，萍萍的目光里满是好奇。

我们把香瓜筐子装在手扶拖拉机上，开到村里挨家挨户地分送。村里的乡亲们赞不绝口，连声道谢。送完香瓜后，老师又把我们送到了家门口。

"今天你们俩帮了我不少忙，谢谢你们。"

"老师说哪里的话。摘香瓜的时候确实有点儿累，可看到大家都那么高兴，我们也非常开心。"

"我也玩得特别高兴。我今天还是头一回坐手扶拖拉机呢，就像在游乐场里坐玩具火车一样，真是太好玩了。"

"你们心情愉快我就放心了。累了半天了，赶紧回家休息吧。如果还想坐手扶拖拉机就到学校来找我。"

"好的，老师，谢谢您。老师再见。"

我们手里捧着给奶奶的香瓜进了屋。吃完奶奶做的饭，又吃了点香瓜，睡意在不知不觉中袭来，我和萍萍来不及聊会儿天就倒下去睡着了。

2 学海无涯

　　几天来，我和萍萍逛遍了学校和村子周围的山山水水，也谈了许多心里话。今天萍萍要回家了，我决定搭萍萍家的车回一趟首尔。

　　"谢谢您送我到家门口。"

　　"谢什么？欢迎你到我们家来找萍萍玩。"

　　"好的。回乡下之前，我一定来找萍萍玩。"

　　"绿茵，我们班的同学都想见见你。我已经跟她们说过你最近要回首尔，咱们一起去看看她们怎么样？"

　　"这个嘛，嗯……"

　　我一时拿不定主意。虽然我和萍萍已经和好了，可我还没有想过要见班里的其他同学。

　　"也好，见一见没什么大不了的。"

　　"好。我马上跟同学们联系一下，然后给你电话。"

　　"好，一言为定。叔叔再见！"

　　萍萍爸爸的汽车已经开远了，我仍然怔怔地站在原地。我在想象着跟原来学校的同学们见面的情景。可能刚见面的时候会有点尴尬，过一会儿就应该亲热起来了。我已经解决了生活中的那么多难题，还怕眼下这么一点困难吗？

"爸爸妈妈，我回来了！"

"哟，我们的绿茵回来啦？萍萍和她爸爸呢？都把你送到门口了，也不让他们进来坐一会儿？"

"坐什么坐，一想起萍萍那丫头把我们的绿茵折腾得那么惨，我就气不打一处来。绿茵转学到乡下，还不都是因为萍萍那丫头？突然装什么亲热……"

"妈妈，你就别再提过去的事情了。我跟你说过我们俩已经言归于好啦。"

"妈妈只是说说而已，其实妈妈早已准备好饭菜等着萍萍他们一起吃饭呢。"

"来，咱们吃饭啦。怎么样，一路上累坏了吧？"

"哇，我好久没吃过妈妈做的饭了。嗯，我看还是妈妈做的饭最好吃。"

"你少跟我贫嘴，快去洗洗手。"

几个月来，我们一家三口还是第一次一起吃饭呢。在过去的一段时间里，我们家一直处于沉闷的气氛之中，如今家里像摆在桌子上面热气腾腾的饭菜一样洋溢着欢喜的气氛。

第二天，我接到萍萍的电话，她要我去见名门小学的同学们。见到她们时会是什么情形呢？同学们会怎样看我呢？她们又会跟我说些什么呢？在前往见面地点的路上我一直在思考这些问题。

约见地点在离我家不远的一家快餐店。我本来想慢慢走过去，

以争取时间多思考一会儿，可快餐店实在太近了，只一会儿工夫就到了。我深吸一口气，推开了快餐店的门。

"绿茵，我们在这儿呢！"

大厅一侧萍萍朝我挥动着手。那里除了萍萍以外，还有贤珠、银慧、徐英等几个同学。她们看见我都露出了欣喜的笑容，朝我招手叫我的名字。

"绿茵，好久没有见面啦！"

"绿茵，这段时间过得还好吗？"

"我很好，你们过得好吗？"

"绿茵呀，我真想死你啦。你怎么连个电话都不给我们打呀？"

"你看你这话说的。"

"怎么，我说错什么了？"

"我们以前做了那么多对不起绿茵的事情，绿茵她能给我们打电话吗？要是换了你，你会主动打电话吗？"

"我只是不好意思给你们打电话，就怕相互之间没什么好说的。"

"好啦，好啦。现在我们看到你就已经很高兴了。"

"绿茵，这都是我们的错，我们真的对不起你。你能原谅我们吧？"

"那当然了。我早忘掉了过去的事情啦。"

"还是绿茵心地善良，能够再次见到你真高兴。"

我们在快餐店聊着天，你一言我一语地谈了很久。就像跟萍萍和好时一样，一旦话匣子打开了就唧唧喳喳地说个没完。与朋友们恢复了往日的友好关系，我心里特别高兴。

然而回家以后，在我面前又出现了一个新的难题。妈妈给我准备了一大堆学习资料。妈妈说我在乡下的这一段时间落下的功课太多，这次要全补回来，于是给我安排了假期辅导班，参观博物馆、美术馆等名目繁多的日程。

"妈妈，你安排这么多事情，恐怕到寒假我都完不成呀！"

"你看这孩子，没有点压力，能赶上城里孩子们的水平吗？你没能参加英语夏令营我都感到痛心呢。"

"看来绿茵得吃点儿苦头啦！"

爸爸朝我挤了一下眼说道。对妈妈制订的暑假计划我实在是反感，可看在爸爸的面子上我勉强答应了下来。正是在爸爸的指导下，我才能够适应山花小学的学习环境，又是因为爸爸的支持，我才能跟萍萍在乡下多玩了几天。

按照妈妈的暑假计划，我每天都要到辅导班去上课，还隔三差五地去博物馆、美术馆参观。可我没有忘记利用闲暇时间，找萍萍她们一起玩。我们谈论的话题总是离不开山花小学和我们的班主任老师，班主任老师成了孩子们心目中的明星。当然，还有哲学家杜威。

假期很快就要结束了，离家返校指日可待。这一天，萍萍给我打来了电话。

"绿茵，你赶快打开电视看看。"

"电视里在演什么？"

"你们的班主任老师上电视了。"

"真的吗？"

我立刻来到客厅打开了电视。果然，电视画面上出现了我们的老师与主持人对话的场面。

"都说杜威是实用主义者，那么实用主义到底是什么，请您给电视机前的观众讲一讲好吗？"

"好的。实用主义就是说一切从我们的生活实际出发，一切理论都要服务于我们的生活实际。因此，实用主义认为不管是什么理论，只要对我们的实际生活有用就是真理。当然，这个理论不仅对我一个人有用，而且要适用于所有人的实际生活。如果这个理论只对我有用，或者对某个特殊的人物有用，那它就成了利己主义理论。"

"杜威主张遇到难题要用理性来解决，那么杜威的这个观点与他的实用主义理论又有什么关系呢？"

"杜威认为在日常生活中任何一个人都会遇到难题。学生会遇到同学之间的隔阂和作业的困扰，大人会遇到来自家庭和单位的各种烦恼。可以说，我们的生活本身就是不断遇到难题、不断解决难题的过程。杜威说，只要我们用理性思维解决难题，我们就可以克服困难，并在这一过程中变得成熟起来。这里问题的关键不在于如何回避难题，而是如何勇于面对现实不断解决难题。如果我们用来解决问题的理论确实有效，那么这个理论就会成为一条真理。换句话说，这个理论既为我们解决了难题，同时又让我们变得成熟，那么这个理论就是适合于我们实际生活的具有实用价值的理论。"

"噢，原来是这样。姜老师，在节目的最后请您跟观众朋友们说句话吧。"

"到目前为止，大多数哲学家都认为世上的真理不会因时间的变化而变化。可杜威却认为随着时间的流逝，人类和社会也在不断发生变化，因此适用于人类生活的真理也随之发生变化。现在对我们的这个社会来说，最重要的真理应该说是理性、成熟、以及民主主义等观念。要想建设一个理想的社会，要想成为一个成熟的人，我们必须关注这些观念。我们必须好好思考理性、成熟、教育以及民主主义等因素对我们的生活所产生的重要作用，不断地解决生活中遇到的各种难题。"

哇，好棒哦！以前我只知道我们的老师才华横溢，可没想到他还能上电视，能向全国观众讲解杜威的实用主义。老师就要成为家喻户晓的名人啦。

"绿茵，电视里的那个人长得真像你们班主任。"

"妈妈，他就是我们的班主任姜老师。"

我真为姜老师骄傲，我恨不得马上就回到山花小学。

3 离开山花小学

老师的电视演讲轰动了全国，也给我们班的同学带来了极大的鼓舞。开学第一天，同学们就唧唧喳喳地议论起老师上电视的事情。有的说，电视画面上的老师没有现实中的本人好看；有的说，老师把非常深奥的哲学道理讲得通俗易懂……

这一天，最忙碌的算是我们的老师了。他不仅要回答同学们提出的问题，还要接受来自各家电视台的记者采访。

几天以后热闹的气氛渐渐平息，整个村子恢复了往日的宁静，学校也重新恢复正常的秩序。炎热的夏天已经过去，凉爽的秋日不声不响地来到了我们身边。

我嘴里哼着小曲走在上学的路上。秋日的山村天高气爽，田野里到处金浪滚滚，漫山遍野硕果累累，整个村庄就像是一个世外桃源。正当我陶醉在这如诗如画般的风景里的时候，我的手机响了，是妈妈打来的电话。

"绿茵，今天上学了没有？"

"正在上学的路上。妈妈，你有什么事吗？这么早给我打电话。"

"嗯，我有个好消息想告诉你。"

"什么好消息？"

"你爸爸被公司委派到美国去当美国分公司的负责人，调令已经下来了，我想你应该和我一样高兴。我本来打算把你转回首尔上学，现在就不用了，你可以从那里直接转学到美国去念书啦！这可真是喜从天降啊，你说是不是？我已经跟你们的班主任说好了，赶快做好转学准备吧。这个周末，妈妈和爸爸一起去接你。"

妈妈说这是喜从天降，可我一点也高兴不起来。因为我觉得在这里生活非常幸福。山花小学的课程特别有意思，这里的同学们也非常热情善良。我已经跟萍萍言归于好，跟以前的同学们也都和好了。

可是就在一切都变得美好起来的时候，突然听说要转学到国外去，我简直要哭出来了。美国有山花小学吗？美国有我们的老师和淳朴善良的同学吗？没有他们我怎么能幸福呢？

我神情恍惚，一堂课下来都不知道老师讲了些什么，满脑子都是转学的事情。

同学们都回家了，我却独自一人坐在教室里陷入了苦闷之中。

"绿茵，放学半天了，你还在这里干什么？"

"老师，你有没有不让我转学的办法？"

"怎么，你不愿意去美国？"

"嗯，倒不是说不愿意去美国，可我就是不愿意离开山花小学。我还想在这里继续读书，我很想在老师的教导下变成一个成熟的人。"

"你看这孩子。不管你在什么地方，只要心中拥有冲动和理性，就可以成为一个成熟的人。绿茵是一个非常优秀的孩子，我相信绿茵同学到哪里都能够成为一个成熟的孩子。再说，美国是杜威成长的地方，绿茵要是去了美国就等于离杜威更近了一步啊。"

"我到美国也能适应吗？"

"那当然，老师认为绿茵同学完全可以成长为一个优秀的公民。要知道，杜威不仅关注教育，而且也非常重视民主主义的发展，而他的祖国美国在几代政治家和公民的共同努力下，终于变成了一个民主主义国家。"

"什么叫民主主义呀？"

"民主主义就是国民共同拥有国家的权力，而且每个国民都有义务行使国家权力的政治制度。通俗一点说，就是国民当家作主，共同决定国家大事的社会制度。"

"那杜威的思想和民主主义有什么关联呢？"

"杜威小时候生长在偏僻的乡村，那里通常是由全体村民共同决定村里的大事。因为村里的大事就是每个人的大事，所以大家都为村里的大事着想，大家拧成一股绳共同解决村里遇到的各种难题。如果把这个小村子扩大成一个国家会怎么样呢？国家的事情就是每个国民的事情，国家遇到难题需要大家共同努力去解决。可以说，这就是民主主义。在民主主义社会里解决社会问题，往往会采取全体国民言论自由的方式。如果全体国民都要参与，没有一个成熟的国民性怎么行呢？所以杜威在谈论成熟的时候也着重提到了民主主义。"

"我可没有信心成为杜威所希望的那种成熟的人。现在我觉得人生遇到的每一件事情都是难题。"

"绿茵，跟老师一起出去散散步，好吗？"

我跟老师一起来到校舍后院的试验田。

"那片地是学校所有试验田中老师最心爱的一块。"

我顺着老师手指的方向看去。那片地已经翻完，只剩下不知名的农作物根茎。

"为什么？"

"你又忘了？那不是咱俩一起种过生菜的地方吗？"

"啊，原来是那片地呀？当时老师为我操了不少心吧，对不对？"

"当然，当时老师担心得头发都要白了。对我们的绿茵同学，到底是痛骂一顿好呢，还是痛打一顿好呢……"

"老师，您……"

"呵呵，跟你开玩笑呢。绿茵，咱俩在那里再种点什么好吗？"

我心里突然一阵难过，对老师的留恋油然而生。

"老师，你能不能答应我一件事？"

"什么事？"

"在我完成学业回到这里之前，您千万不要离开山花小学。您可不可以跟我拉钩？"

"老师离开这里还能上哪儿去？你放心好了，老师会在这里一直等到绿茵回来的。老师希望绿茵健康成长，早日学成归来。"

"是，老师。我一定会重新回到山花小学来。"

老师的眼眶红了，可脸上仍然带着慈祥的笑容。我强忍眼泪，报以一个灿烂的笑脸。

几个星期以后，我告别了山花小学和那里的老师、朋友们，踏

上了前往美国的路程。坐在飞机上，山花小学的那片试验田，还有老师和同学们的面孔一一浮现在我眼前，我的眼泪禁不住流了出来。看到我的眼泪，爸爸张开双臂紧紧地抱住了我，妈妈也在一旁握住了我的手……

哲学放大镜

　　杜威是美国具有代表性的实用主义哲学家，属于"大器晚成"。他虽然在大学时学过哲学和社会学课程，可那时并不是特别突出的学生。大学毕业后，杜威曾在一所高中担任过三年左右的哲学教师。

　　杜威进入研究生院以后，进一步学习和研究了逻辑学、观念论以及达尔文的进化论。后来杜威深受实用主义哲学元老查尔斯·桑德斯·皮尔士和威廉·詹姆斯的影响，形成了自己独特的实用主义思想。杜威称自己的实用主义哲学是经验自然主义。

　　杜威曾在密歇根大学、明尼苏达大学、芝加哥大学等高等学府担任过教授，在此期间撰写了不少专著，详细阐述了实用主义的哲学思想。

　　杜威最关注的是价值、人类的行为、社会、教育等问题，他用毕生的精力去研究和探索如何建设一个成熟、完善的社会。

　　杜威虽然在很大程度上接受了黑格尔的观念论，可他并没有接受黑格尔哲学中的固定理念，而是接受了黑格尔哲学的变化理论。比如说，黑格尔认为"随着神的绝对精神自我发展变化，形成了自然、艺术、宗教和哲学"，杜威便借用黑格尔的这一思想，主张"人类的理性可以改变人类的生存环境"。也就是说，杜威摒弃了黑格尔的唯心论部分，只吸取了他的辩证法思想，而所谓的辩证法实际上就是有关事物变化发展的逻辑。

杜威又受到达尔文进化论的影响，坚信人类和社会一定会通过理性得到发展和完善。要使人类和社会变得成熟、完善，就要用理性来探索和实验，这是不言而喻的。利用理性去探索和实验就是人类的教育活动。杜威指出，不间断的教育过程就是成熟的过程，而促进这种教育过程和成熟过程的制度就是民主主义。

我们的生活每天都要面对各种难题(包括不确定的因素)。当我们把不确定的因素变为确定的因素时，我们自己也就变得成熟了。杜威和实用主义的元老詹姆斯为美国现代教育体系的形成和发展作出了巨大贡献。

杜威的实用主义也被人们称为工具主义，可是杜威的实用主义所指向的目标仍然是民主主义社会中人类和社会的进一步成熟。

尾声

　　来到美国已经有一个多月了。到目前为止，美国在我看来仍然是一个陌生的地方。语言不通是我目前面临的最大难题。在韩国的时候，我还是英语尖子，可在这里跟同学连一句笑话都说不了。

　　但是美国也有很多让我感觉亲切的好人，我经常得到他们的帮助。我在这里已经和珍妮、汤姆等同学成了朋友。这些名字以前只是在英语教科书里看过，可现在已经成了我日常生活中的常用语。他们很善良，经常帮我复习功课，也时常领着我在校园里转一转，好让我尽早熟悉这里的环境。早晨散步时认识的哈姆斯叔叔，还经常让我跟他的宠物狗玩耍，有时还借我一些通俗易懂的英文故事书。

　　有了大伙儿的帮助，我正在逐渐适应这里的生活，有趣的事情也一天比一天多了起来。有时候，我跟美国的小伙伴们私下谈论校长的秘密；有时候，还一起玩眼下美国最流行的电脑游戏。

　　到了这里我才知道，杜威当过教授的芝加哥大学离我们不远。美国是一个地域辽阔的国家，一旦出行就要坐五六个小时的汽车。

但是杜威工作过的芝加哥大学哪怕离我再远，我也要去看看。

今天在回家的路上，我买了便笺和邮票。这一个月来为了适应这里的生活环境，我根本没有时间给班主任老师和萍萍、小秋他们写信。今天我要抽空给他们写信了，让他们了解我在这里的情况。

我首先给我们的班主任老师写了封信。给老师写信时，在山花小学度过的愉快的日子就像电影画面一样一一浮现在我眼前。虽然是一段短暂的时间，可对我来说那是一段一生都难以忘怀的时光。

> 亲爱的姜老师：
>
> 您好！
>
> 我是徐绿茵。您不会这么快就忘了我吧？我在美国过得很好，每天心情也都很愉快，这要归功于姜老师给我讲的杜威的故事。今后我要更加认真地学习杜威的思想，长大以后要当一个像您一样优秀的教师。姜老师，您不会忘掉您对我的承诺吧？您一定要等到我回山花小学的那一天。到时候我会以老师的身份回到您的身边。所以在我回去之前，您千万不要离开山花小学啊。
>
> 老师，我非常想念您。
>
> 衷心希望咱们重逢的时候，您依然身体健康。

我忍住泪水将信纸装进信封。在信封上贴了一枚邮票。现在我只能给老师写信致意，将来我会成为一个成熟的人出现在老师的面前。虽然现在还不知道我什么时候才能回到山花小学，可早晚有一天我会回去的。

综合论述题

01　读下面的两篇提示文，指出两篇提示文共同的核心内容。

（A）你如果教孩子学地理，不要弄来地球仪、天象仪和地图，应当先让他接触实物，不要让孩子从一头雾水开始。

一个美丽的黄昏，我和爱弥儿去散步，我们看到了日落的壮观景色。第二天清晨，我们又赶到那里，天边刚刚露出一抹鱼肚白。一会儿，它便发出火红的光，随着火光越来越大，仿佛整个天边都燃烧起来了。终于，一个明亮的光点像闪电似的跳了出来，立刻充满了整个天空……

天地万物与太阳交相辉映，一种沁透心灵的清新之感油然而生。面对如此壮观美妙的景色，任谁也不能无动于衷。

但是，我并没有将心中的感受告诉爱弥儿，我的感受并不能代替他的感受。我让爱弥儿仔细观察远处的山脉和附近的景物，让他随意发表自己的感受。他在沉默之后对我说："我记得昨天晚上太阳是从西边落下，可是今天却从东方升起，这是为什么呢？"

——摘自卢梭的《爱弥儿》

（B）传统教育的方式，认为教育是由外而形成，有外在的教育目的与原则去指导学生的学习及教师的教学，有既定的道德目标等待学生去形成；学习的材料，事先已经编制妥当，组织严密，过程井然，教育就是将有组织的知识，从上一代传授给下一代；教育完全是为了将来生活的预备，而罔顾学习者的兴趣、需要、欲望及目的；学习和教学的目的完全是为了将来，而非为了现在。从教学和学习的方法上来说，传统教育偏重于如何有效地把知识或技能传授给学生，而对学生人格的发展以及理想与信仰的建立，则付之阙如。所以在整个学习过程中，更重视知识的内容而不是学习的方法。学习的活动几乎都是之前就已决定好了的，学校在社会上处于孤立、脱节的状况。

从进步教育的观点来看，教育是由内而外的一种发展，是顾及到学习主体的心理条件的，对于学习者的兴趣、能力、欲求是兼顾的，而不是把教育看成一种为社会要求而准备的过程。学习的活动要尽量给儿童创造、表现的机会，这种情况下学习的方法就比内容重要了。传统教育偏重教学的内容或学习的成果，使知识成为学习的主要目的，死记硬背成为唯一的学习方法，教科书是唯一的权威知识。这些都是以方法为主要学习目的的进步教育所摒弃的。此外，进步教育对于学校的评估，也不同于传统教育的思想。进步教育者认为学校应该培养学生不满于现实社会环境的态度，如此才能对未来的社会环境加以改进。

——摘自杜威《经验与教育》

02 　读下列提示文回答问题。

（A）"老师，我很想再做一次解剖老鼠的实验。城里来的绿茵同学还没有做过那个实验呢！所以我提议趁客人们来访之际，我们再做一次解剖实验吧。"

孩子们哄堂大笑。老师也朝我挤了一下眼睛笑了起来。

"好，这是一个很不错的主意。不过要给你们提供做实验的老鼠，老师还要到地里去折腾几天呀。哈哈！"

"我想做烤面包实验。上回我们做了草莓酱，这次我们做烤面包，把草莓酱往面包上一抹，我想肯定会很香的。"

"面包不好吃，我们还是做点心吧。做点心好吃又好玩儿。"

"还有没有别的意见？"

看来草莓酱的诱惑力非常大，同学们的意见最后都集中在了烤面包上。一想到刚刚烤出来的热乎乎的面包，再加上酸甜的草莓酱，我就不禁流起了口水。

——摘自《杜威：探索与实验的故事》

（B）自由权是与平等权同等重要的一项重要的国民基本权利。自由权意味着个人的自由不受国家权力的侵害。自由权包括以下内容：人身自由，即没有法律的允许，个人不受逮捕等身体上的约束；居住移居自由，即个人能够自由选择居住地，也可以自由移居；宗教自由，即个人可以自由选择宗教信仰；言论出版自由，即所有国民都可以通过语言或文字表达自己的思想，但不得侵害他人的名誉和权利，不得侵害公共道德和社会伦理；择业自由，即个人有权选择并从事自己愿意的职业；私有财产权的行使自由，即个人拥有对私有财产的支配权。

——摘自韩国小学《社会与探索》课本

（C）原告："他分明在信仰别的神。如果你们认为他有罪就拿起白色石子，如果认为他没有罪就拿起黑色石子。"

众陪审员中7人拿起白色石子，3人拿起黑色石子。

苏格拉底："既然你们说我有罪，那我就得挨罚了。不过我没有那么多的钱，我只能上缴1米纳罚金！"

众旁听者："就缴1米纳的罚金？""这个人还不知道自己犯的罪有多么严重！"

众弟子："先生，您的这个数额太少啦。""审判长，我们替先生担保，给您上缴30米纳的罚金！"

原告："各位陪审员，同意判罚金的拿起白色石子，同意判死刑的拿起黑色石子！"

众陪审员当中2人拿起白色石子，8人拿起黑色石子。

审判长："苏格拉底，现在我判你死刑！"

——摘自《漫谈西方哲学史2（希腊哲学）》

提问（1）：比较一下（A）中的对话部分和（B）中的自由权，谈谈两者的长处和短处。

提问（2）：比较一下（A）和（C）中的决策过程，找出两者之间的共同点和不同点。

_____

_____

_____

_____

_____

_____

_____

03 读下列提示文回答问题。

（A）"我们在日常生活中经常遇到各种难题，老师说有价值的经验就是解决这些难题的经验。杜威主张学校必须让学生体会到日常生活中有价值的经验。我们受教育并不完全是为了将来能过上好日子，我们念书的目的应该是为了解决眼前所遇到的各种难题。"

"啊，原来是这样！"

现在我已经完全理解了老师的良苦用心。老师是为了纪念杜威才建立了这所山花小学，那么山花小学的教学宗旨当然就是给我们提供"有价值的经验"喽！老师当然希望我们都能上一所好中学、好大学，可老师更希望我们在现实生活中学到解决各种难题的真才实学。

——摘自《杜威：探索与实验的故事》

（B）下届政府将对英语教育做出较大的调整。从明年开始，对科学、数学等科目很有可能全都用英语来教学，考试科目也将增设英语托福考试。

接管委员会表示，出台这些政策主要是为了防止小学、初中、高中学生的早期留学现象。可是为了跟上学校的英语进程，家长们还会依赖于家教和假期的英语速成班。于是，尽管接管委员会一再表示将加强学校教育，减轻家长负担，可在短时期内，家教和短期速成班将会有增无减。

——摘自 2008 年 1 月 24 日《某某日报》

提问：比较一下提示文（A）中老师的教育思想和提示文（B）中的教育政策，说明两者的差异。

综合论述题题解

01 传统的课堂是学生获得经验的场所，但是，许多学生的判断力和行动能力也因此受到了限制。有许多学生一谈到学习过程就联想到无聊和厌倦，还有许多学生发现他们学习过的东西同校外的生活环境毫无关联。因此，这就对教育者提出了一个问题，即教育者的任务是安排那种能引起学生兴趣的活动。对于以经验为基础的教育来说，其中心问题就是要从各种当下的经验中选择那种丰满并具有创造性的生活经验。教育与个人经验之间存在着有机的联系，这是永久不变的。但是，不能把经验和教育直接等同起来。因为尽管一切真正的教育都是来自经验的，但这并不表明一切经验都是具有教育意义的。有些经验会限制一个人将来获得丰富的人生经历和体验的可能性；有些经验会使一个人养成马虎和粗心的习惯；有些经验彼此互不相关因而不能一以贯之。所以，对经验的传授是要加以慎重选择的。

02 （1）在提示文（A）中，决定某一计划的时候孩子们畅所欲言，自由自在地发表意见。最后孩子们的意见归结到制作面包的提案上，这是在提示文（B）中的"言论出版自由"这一个人自由权具体实现的过程。言论出版自由是每个人向他人传达和表现自己思想和意见的自由。在民主主义社会里，任何人都可以自由自在地发表自己的意见，政府的职责就是从中找出一个平衡点做出民主决策。因此任何一个人都可以参与决策过程。可以说，这是现今为止最公平合理的社会制度。然而，随着社会越来越庞大，人口越来越多，不能对所有的事情都像提示文（A）那样简单地做出决策。于是就产生了少数服从多数的议事决策原则。从小到班长选举和经理选举，大到国会议员选举和总统选举都按照少数服从多数的原则来进行。

（2）提示文（A）和（C）都表现了解决一个问题时，大家共同商量、共同决策的过程。两者采用的都是民主决策方式，而且最大限度地反映了每个人各自不同的意见。但是提示文（A）表现的是在众多意见中采纳最合理的意见的过程，而提示文（C）表现的则是让众陪审员在赞成和反对二者当中选择其一，然后以多数人赞成的意见为依据做出决策的过程。在（A）的情况下每个人都可以发表自己的意见，而且有很大的妥协空间，但是在庞大而复杂的社会层面上却很难行得通。反观（C）的情况，虽然除了赞成和反对两种意见之外没有可选择的余地，但议事过程果断迅速，虽然有很多人参与议事过程，但可以较容易地做出决策。

03 提示文（A）中，老师非常重视学生自我探索和实验的教学方法。杜威认为，当通过经验所得到的知识再经过理性思维得以完善的时候，人类就会变得成熟。人类要成熟就必须接受教育，而教育则必须保证是自由开放的探索和实验过程。可是在提示文（B）的情况下，政府只重视学校的英语课程，从而影响了学生的成熟进程。学生应该经历多种多样的探索和实验过程，可下届政府却片面地强调学生的英语实力，严重阻碍了学生们通过探索和实验获取社会、科学知识的过程。让孩子们全面发展是我们的教育目的，让孩子们经历各种社会活动是我们的教育方针。

回头看杜威

杜威的实用主义

我们生活在这个世上，每天都会遇到各种生活难题。当然大多数难题能够自然而然得到解决，可有些难题就是解决不了，常使我

们陷入烦恼之中。杜威反复强调理性这一人类与生俱来的创造性的思维的重要性。利用理性探索和解决难题，从中顺利地走向成熟，这就是杜威理论的核心内容。要想做好探索和实验，教育是头等大事。杜威认为，自由开放的探索和实验制度就是民主主义。由此来看，人类要成熟，社会要进步就必须加强民主主义教育。

杜威的生平

1859 年	出生于美国佛蒙特州伯灵顿。
1875~1879 年	就读于佛蒙特大学，攻读哲学和社会学。
1879~1881 年	就职于宾夕法尼亚州某高中，讲授科学、古典哲学等课程。
1882 年	进入霍普金斯大学研究生院攻读逻辑学和观念论。
1884~1888 年	在密歇根大学任讲师、教授，后在明尼苏达大学任教授。
1889 年	担任密歇根大学哲学学院院长。
1894~1904 年	担任芝加哥大学哲学教授，并创办"实验学校"。
1897 年	出版《我的教育信条》等多部著作。
1930 年	担任哥伦比亚大学名誉教授。
1952 年	病逝，享年 93 岁。

失败是一种教育，知道什么叫思考的人，不管他是成功或失败，都能学到很多东西。

——杜威